Je ne suis pas un héros

Sophie Adriansen

Je ne suis pas un héros

Annotationen von Laure Boivin

Ernst Klett Sprachen
Stuttgart

1. Auflage 2 | 2025

www.klett-sprachen.de

Redaktion: Elena Bergmann
Layoutkonzeption: Andreas Drabarek
Gestaltung und Satz: Joachim Schrimm, ETYPO, Friolzheim
Umschlaggestaltung: Andreas Drabarek
Titelbild: Shutterstock (Ollyy), New York
Porträt der Autorin S.6: © Sophie Adriansen
Druck und Bindung: Plump Druck & Medien GmbH, Rheinbreitbach

Printed in Germany
ISBN 978-3-12-591468-1

Table des matières

Introduction

L'autrice

Romancière, scénariste, novelliste, essayiste, Sophie Adriansen a publié plus de soixante-dix ouvrages en littérature générale et littérature jeunesse depuis 2010.

Depuis 2011, elle se consacre entièrement à l'écriture après une première vie dans laquelle les chiffres primaient sur les lettres. Formée à l'écriture cinématographique à la Fémis en 2013, elle a librement adapté en scénario son premier roman.

Autrice à succès en littérature jeunesse, elle questionne notamment les libertés des femmes en littérature générale.

Lauréats de nombreux prix littéraires, ses ouvrages sont traduits en plusieurs langues.

Elle anime des discussions autour des livres ainsi que des ateliers d'écriture en milieu scolaire et en détention. Elle intervient régulièrement dans des classes pour évoquer l'écriture et le métier d'écrivain avec les plus jeunes. Du Texas au Caire, du Puy-en-Velay au Dunkerquois, de classes en CDI et de bibliothèques en salles de spectacle, elle a déjà rencontré dix mille de ses lecteurs.

Comment préparer ta lecture ?

Lis les conseils à la page 8 pour comprendre plus facilement le vocabulaire.

Quand tu as lu un chapitre, résume les informations importantes de l'histoire dans un carnet de lecture et réponds aux questions suivantes :

Qui ?

Quand ?

Quelles actions ?

Pourquoi ?

Note également des mots-clés qui te semblent importants dans chaque chapitre.

Voici un tableau que tu peux recopier en grand format et compléter dans ton carnet de lecture :

Chapitre(s)	Résumé	Mots-clés

Pour comprendre le vocabulaire

En bas de page *(am Seitenende)*, tu vas trouver des explications de mots et d'expressions que tu ne connais pas encore. Mais il y a aussi beaucoup de mots que tu peux comprendre sans regarder dans le dictionnaire : il y a des méthodes simples pour trouver leur sens.

1. La famille du mot

Il y a beaucoup de mots qui sont « cousins » avec des mots que tu connais déjà. Ils sont de la même famille, ils ont les mêmes racines » *(Wurzeln)*.

Par exemple :

l'impatience (p. 28)	**impatient, e** + -ence (→ *un nom)* = Ungeduld
l'entraînement (p.14)	**s'entraîner** + -ment (→ ***un nom)*** = Training

2. Mots identiques (ou presque) en anglais et en allemand

Souvent, tu vas reconnaître un mot parce qu'il est presque identique ou identique à un mot allemand ou anglais.

Par exemple :

publique (p. 29)	public *(öffentlich)*
communiquer (p. 26)	to communicate, kommunizieren

3. Le contexte

Enfin, pour deviner le sens d'un mot, fais attention au contexte, cherche les thèmes de la phrase et du paragraphe, cela va sûrement t'aider !

Le gérondif

In dem Roman kommt eine Verbform vor, die im Unterricht wahrscheinlich noch nicht behandelt wurde: das gérondif *(Gerundium)*. Damit ihr sie im Text erkennen und verstehen könnt, findet ihr hier eine kurze Einführung.

1. Bildung des gérondif

Abgeleitet wird das gérondif von der ersten Person Plural Präsens. Die Endung **-ons** wird durch **-ant** ersetzt, vor diese Form setzt man noch die Präposition **en**.

Beispiele:

demander	**finir**	**attendre**
nous demand-ons	nous finiss-ons	nous attend-ons
en demand-**ant**	**en** finiss-**ant**	**en** attend-**ant**

Diese Regel gilt auch für unregelmäßige Verben. Es gibt nur drei Ausnahmen:
être : en **ét**ant
avoir : en **ay**ant
savoir : en **sach**ant

Das gérondif ist unveränderlich.

2. Gebrauch des gérondif

Das gérondif
– drückt die Gleichzeitigkeit zweier Handlungen aus:

> Je me sens mal à l'aise **en passant** devant elles […]
> *Ich fühle mich unwohl, wenn ich an ihnen vorbeigehe.*
>
> Asseyez-vous, dit maman **en** leur **montrant** le canapé.
> *»Setzt euch«, sagt Mama und zeigt ihnen das Sofa.*

– drückt die Art und Weise einer Handlung / eines Geschehens aus:

> On les aide déjà en leur donnant un peu d'argent chaque jour.
> *Wir helfen ihnen bereits, indem wir ihnen jeden Tag ein bisschen Geld geben.*

Liste des abréviations

≠	antonyme de
→	mot de la même famille
etw	etwas
f	féminin
fam	familier
fpl	féminin pluriel
jdm	jemandem
jdn	jemanden
m	masculin
mpl	masculin pluriel
péj	péjoratif
qc	quelque chose
qn	quelqu'un
subj	subjonctif

« *Chacun est seul responsable de tous.* »
Antoine de Saint-Exupéry

1

– Pourquoi elles sont dans la rue ?

– Parce qu'elles n'ont pas de maison.

C'est la première fois que Capucine, ma petite sœur, pose la question. Et la première fois que maman lui répond. Mais ce n'est pas la première fois qu'on passe devant cette famille : une maman, une petite fille et une autre fille un peu plus grande, qu'on peut cependant prendre pour un garçon si on ne fait pas attention car elle a les cheveux aussi courts que moi. Toutes les trois sont assises sur le trottoir de l'avenue, à côté de la boulangerie, depuis des semaines. Alors on les voit tous les jours. Et tous les après-midis, après avoir acheté notre goûter, à Capucine et à moi, maman met la monnaie que lui a rendue la boulangère dans le petit bol en plastique jaune posé aux pieds de l'autre maman, celle du trottoir.

C'est facile de deviner que c'est une famille car elles ont toutes les trois les mêmes yeux, des billes d'un bleu aussi clair que le ciel pendant les vacances d'été, et les mêmes cheveux noir corbeau qui font ressembler, de loin, leurs têtes à trois olives posées devant la boulangerie.

Parfois, les filles jouent sur le trottoir avec des petits morceaux de je-ne-sais-quoi.

Parfois, elles contemplent la vitrine dans laquelle la boulangère dispose ses gâteaux et elles ouvrent de grands yeux.

Parfois, la maman leur lit un livre, une fille blottie de chaque côté comme deux oisillons sous les ailes d'un oiseau plus grand.

Parfois, elles dansent entre les passants.

---

7 **cependant** jedoch – 12 **rendre** *ici :* redonner – 15 **une bille** Murmel *(ici : fig)* – 16 **un corbeau** Rabe – 21 **contempler** regarder – 21 **une vitrine** Schaufenster – 23 **blotti, e** *ici :* kuschelnd – 24 **un oisillon** le petit d'un oiseau – 24 **une aile** Flügel

On ne dirait pas de vraies clochardes. Juste des pauvres. Avec des filles qui ne vont pas à l'école.

Pourtant elles m'effraient un peu. Je me sens mal à l'aise en passant devant elles depuis la fois où mon regard a croisé celui de la grande aux cheveux courts. Ce n'est pas qu'elles aient l'air méchant, mais… elles paraissent sales. Comme si quelqu'un avait griffonné avec un crayon à papier sur la peau de leur visage, de leur cou et de leurs mains. Ou leur avait mis du noir de bouchon, comme à Capucine et moi pour le spectacle de fin de séjour, au club de sports d'hiver où nous sommes allés en février ; on était déguisés en diables de Tasmanie et on bondissait dans tous les sens.

Moi, je n'aime pas trop les gens sales. Je prends une douche tous les soirs, avant de dîner en pyjama, et un bain le mercredi, quand je reviens du rugby. Il faut dire qu'au rugby, pour se salir, on se salit, et pas qu'un peu ! Surtout quand il a plu avant l'entraînement.

Je n'y pense absolument plus lorsque au dîner, Capucine remet le sujet sur la table :

– On pourrait faire dormir la maman et les deux enfants dans la chambre d'amis.

– Ça va pas la tête ? je m'écrie en interrompant ma petite sœur.

Le regard de Capucine me pousse à poursuivre et à me justifier :

– Et après, si Mamilaine vient nous voir, où est-ce qu'elle dormira ?

Capucine se tourne vers papa et maman :

– Pourquoi on pourrait pas ?

– Parce qu'on ne peut pas accueillir toute la misère du monde chez nous, chérie, dit papa.

---

1 **un, e clochard, e** Stadtstreicher/in – 3 **effrayer qn** faire peur à qn – 6 **paraître** sembler – 6 **sale** schmutzig – 7 **griffonner** kritzeln – 8 **mettre du noir de bouchon** schwarz anmalen / schminken – 11 **déguisé, e** verkleidet – 11 **un diable** Teufel – 11 **bondir** sauter – 27 **accueillir** recevoir, héberger – 27 **la misère** la pauvreté (Elend)

– Je parle pas de toute la misère du monde, juste de cette maman-là, avec ses enfants, réplique ma sœur.

– On les aide déjà en leur donnant un peu d'argent chaque jour, ajoute maman.

Capucine a l'air déçue.

Moi, je suis soulagé.

5 **déçu, e** enttaüscht – 6 **soulagé, e** erleichtert

2

Au rugby, je joue en catégorie « poussins ». Lors des matchs, on s'affronte à dix contre dix. Mais ce que je préfère, ce sont les entraînements. Et j'ai particulièrement aimé celui d'aujourd'hui, le dernier avant les vacances de Pâques.

On apprend à construire des essais. J'adore quand on se fait des passes, le ballon navigue à une vitesse folle en travers du terrain, il rebondit n'importe comment (car il est ovale et non pas rond) et part dans tous les sens. Et le terrain est grand ! Cinquante-six mètres de long sur trente de large. Je le sais parce que c'est indiqué sur une petite plaque accrochée au mur, dans les vestiaires. Autant dire qu'on en parcourt, de la distance. Les filles aussi bien que les garçons, car notre club est mixte. Et on tombe beaucoup, parce que l'élan du ballon nous entraîne et que la terre n'est pas toujours aussi stable qu'on le croit.

Mais ça n'a aucune importance de se couvrir de boue quand on sait qu'on plongera dans une baignoire pleine de mousse parfumée en rentrant à la maison.

– Bastien, c'est prêt !

Maman a commencé à faire couler mon bain dès que je suis revenu. Température idéale, mousse en très grande quantité : parfait. J'entre dans l'eau avec l'assurance de Super Watchor, le super-héros du dessin animé que je regarde parfois le mercredi matin. Je n'ai peur de rien et surtout pas des flots. Cette baignoire est mon territoire. Je me tiens prêt à sauver les baigneurs en danger.

---

1 **un poussin** Küken, *ici :* le groupe enfants – 5 **construire** (auf)bauen – 5 **un essai** → essayer – 7 **rebondir** abprallen – 10 **une plaque** Schild, Tafel – 10 **un vestiaire** la salle où on change de vêtements avant / après le sport – 15 **la boue** Schlamm, Matsch – 16 **une baignoire** Badewanne – 16 **la mousse** *ici :* Schaum – 21 **l'assurance** *f ici :* Selbstsicherheit – 23 **les flots** *mpl* l'eau, la mer

Après avoir secouru un poulpe à ventouses, deux morses et un marin-pompier qui n'avaient pas appris à nager, je m'octroie une pause bien méritée. Je plaque mon dos contre le fond de la baignoire et je me laisse glisser. Me voilà entièrement immergé. Isolé de l'ambiance sonore de l'appartement, je n'entends plus que quelques bruits métalliques de tuyauterie. Je suis seul au monde. J'attends que l'eau s'immobilise puis j'ouvre les yeux. Entre les masses de mousse qui flottent à la surface comme des icebergs en barbe à papa, je distingue les reflets du bain sur le plafond de la pièce. Ils brillent et clignotent, un peu comme si un invisible lutin projetait des images de pierres précieuses, perché sur le lavabo. Ça me donne envie d'observer mes minéraux. Ça tombe bien : la peau de mes doigts commence à se flétrir autant que le tour des yeux de Mamilaine lorsqu'elle sourit. C'est le signal : je peux sortir.

L'année dernière, aux vacances de la Toussaint, j'ai fait un stage de géologie. J'ai découvert douze fantastiques minéraux. Ma collection en compte désormais vingt-sept. J'aimerais posséder une fluorite de couleur violette. Je demanderai à papa et maman si la petite souris ne pourrait pas m'apporter ça à la prochaine dent qui tombera. Ce ne sera pas forcément plus lourd qu'une pièce de deux euros.

Mes minéraux sont disposés sur l'étagère à côté de mon lit, près de la tortue en céramique que j'ai réalisée l'été dernier. Au-dessus, dans mon placard, sont rangés tous les puzzles que j'ai faits depuis mes cinq ans. Mon univers est parfaitement bien organisé, et je ne vois pas ce qui pourrait le déranger.

---

1 **secourir** aider – 1 **un poulpe** Tintenfisch – 1 **une ventouse** Saugnapf – 1 **un morse** Walross – 2 **un marin-pompier** Marine-Feuerwehrmann (*ici* : un jouet) – 2 **octroyer qc à qn** autoriser qc à qn (erlauben) – 3 **mérité, e** verdient – 3 **plaquer** *ici :* drücken – 3 **le fond** *ici :* Boden – 4 **immergé** sous l'eau – 6 **la tuyauterie** → **un tuyau** (Abwasser-)Rohr – 8 **flotter** schwimmen – 9 **la barbe à papa** Zuckerwatte – 9 **distinguer** voir – 9 **un plafond** Decke – 10 **clignoter** blinken – 10 **un lutin** Kobold – 11 **une pierre précieuse** Edelstein – 11 **perché, e** monté, e – 11 **un lavabo** Waschbecken – 13 **se flétrir** verwelken – 15 **les vacances de la Toussaint** Herbstferien – 22 u**ne étagère** Regalbrett – 23 **une tortue** Schildkröte

3

Il pleut sans arrêt depuis ce matin. Je suis parti pour l'école en courant avec papa sous le parapluie rayé, je suis revenu de l'école en courant avec maman sous le parapluie à pois, et entre les deux je n'ai fait que voir la pluie tomber par la fenêtre de la classe et de la cantine. Pour la récré, on a dû rester sous le préau. C'est déprimant. En avril, il ne faut pas se découvrir d'un fil, mais il est également recommandé de ne pas oublier son ciré. Le seul rayon de soleil, c'est la perspective des vacances, qui commencent demain.

Maman est partie chercher Capucine à son cours de judo, comme tous les vendredis. Moi, j'ai fini mon goûter, et avec papa on énonce des expressions sur la pluie, en regardant l'Arc de triomphe qui ruisselle au loin, de l'autre côté des carreaux :

– Faire la pluie et le beau temps, je dis.

– Je ne suis pas né de la dernière pluie, dit papa.

– Il pleut des cordes, je dis.

– Il pleut comme vache qui pisse, dit papa.

Je m'écroule de rire en imaginant une énorme vache qui arrose la ville entière d'un seul jet. Une vache ressemblant à Olé, le doudou de ma sœur. La tour Eiffel aurait intérêt à prévoir un sacré parapluie !

La porte d'entrée s'ouvre. Voilà maman qui rentre avec Capucine. Je m'apprête à aller leur dire qu'il pleut comme vache

---

2 **un parapluie** Regenschirm – 2 **rayé, e** gestreift – 3 **à pois** *mpl* gepunktet – 5 **un préau** überdachter Pausenhof – 6 **En avril, ne te découvre pas d'un fil (, en mai, fais ce qu'il te plaît).** *proverbe* En avril, il faut encore mettre des vêtements chauds, il peut encore faire froid. (**un fil** Faden, Leinen) – 7 **un ciré** une veste pour la pluie – 13 **ruisseler** *ici :* sur lequel de l'eau coule – 13 **un carreau** *ici :* une vitre (Fensterscheibe) – 14 **faire la pluie et le beau temps** das Sagen haben – 15 **Je ne suis pas né de la dernière pluie** J'ai de l'expérience – 16 **Il pleut des cordes** Es regnet Bindfäden – 17 **Il pleut comme vache qui pisse.** *fam* Es regnet wie aus Kübeln. (**une vache** Kuh) – 18 **s'écrouler** *ici :* tomber (*ici : fig*) – 18 **arroser** gießen, sprengen – 19 **un jet** Strahl – 20 **un doudou** Kuscheltier – 20 **avoir intérêt à faire qc** gut daran tun etw zu tun – 20 **prévoir** *ici :* penser à prendre – 23 **s'apprêter à faire qc** im Begriff sein etw zu tun

qui pisse, pour une fois que j'ai le droit d'utiliser le langage familier autant en profiter, mais la voix de maman m'arrête :

– Donc ici, c'est l'entrée. Venez avec moi, nous allons nous installer au salon.

À qui parle-t-elle ? Je n'ai pas le temps de réfléchir à la question qu'elle apparaît, accompagnée de ma sœur et… des trois olives de la boulangerie. Ici, dans mon appartement. Je n'ai pas besoin de me pincer pour savoir que je ne rêve pas : les gouttes qui tombent sur le parquet sont bien réelles.

– Asseyez-vous, dit maman en leur montrant le canapé.

Quoi ? Ces olives recouvertes de crayon à papier sur notre beau canapé ? Je vois papa qui regarde maman. Ses yeux posent des questions auxquelles maman répond en haussant les épaules. Alors papa s'approche et déclare :

– Je vais prendre vos manteaux.

Aucune des trois olives ne réagit. Est-ce qu'elles sont sourdes ? Papa se tape sur les deux épaules, comme s'il chantait une chanson pour apprendre les parties du corps, et le visage de la maman olive s'éclaire. Elle dit quelque chose d'incompréhensible et les filles enlèvent leurs vêtements dégoulinants de pluie. Pas de vrais manteaux, plutôt des gilets, d'ailleurs.

– Vous ne parlez pas français ? demande papa.

La maman secoue la tête.

– Français *nu*.

Maman ouvre de grands yeux.

– Ah ! Ça va être plus compliqué que prévu. Je vais déjà faire un thé pour nous réchauffer.

Papa prend place sur le gros fauteuil, face aux olives. Capucine s'assied sur l'un des plus petits et nous informe :

---

8 **se pincer** sich kneifen – 8 **une goutte** Tropfen – 12 **un canapé** un sofa – 13 °**hausser les épaules** *fpl* mit den Schultern zucken – 16 **sourd, e** qui ne peut pas entendre (taub) – 19 **incompréhensible** qu'on ne comprend pas – 21 **un gilet** Weste, Strickjacke – 28 **un fauteuil** Sessel

– Maman leur a dit qu'on avait une chambre d'amis mais elles ont pas encore parlé.

Je reste derrière le gros fauteuil. Je ne dis rien mais je suis énervé. Une surprise comme ça la veille des vacances, je m'en serais bien passé. Elles auraient pu nous demander notre avis ! Et combien de temps vont rester les olives ? J'aimerais interroger maman mais je n'ose pas bouger.

La maman olive se tient immobile, les mains posées sur les genoux. Les filles olives tournent la tête dans tous les sens pour regarder ce qu'il y a chez nous. Papa se racle la gorge :

– Douiou douiou douiou dou ?

La maman olive ouvre des yeux ronds.

– Olé olé olas maracas ?

La maman écarquille encore plus les yeux.

– Biche liche miche niche ?

Là, la maman olive regarde papa comme s'il était complètement fou.

– Tu fais quoi, papa ? demande Capucine.

– J'essaye les langues que je connais pour voir si nos amies en parlent certaines.

Nos *amies* ? Les olives ne sont pas mes amies. Ni celles de papa, qui ne les avait jamais vraiment remarquées jusqu'à il y a dix minutes.

– *Nu*, finit par dire la maman en secouant la tête comme tout à l'heure.

Maman revient avec un plateau et sert le thé.

– Tu en veux, Bastien ?

---

1 **une chambre d'amis** Gästezimmer – 4 **la veille des vacances** le jour avant les vacances – 14 **écarquiller les yeux** ouvrir grand les yeux – 24 **secouer** schütteln

D'habitude j'en prends toujours une petite tasse, mais aujourd'hui je refuse sans dire un mot pour bien manifester mon agacement. Si je devais parler, je ne dirais qu'une chose : je suis prêt à vider ma tirelire et à mettre tout mon argent de poche dans le bol en plastique jaune pour que les olives ne s'installent pas chez nous.

---

3 **l'agacement** *m* l'énervement *m* – 4 **une tirelire** Sparbüchse

4

Maman a fait de la timbale milanaise : pâtes, sauce tomate, jambon, champignons et gruyère râpé bien gratiné. C'est mon plat préféré.

– Pourquoi tu as choisi ce menu ? je demande.

Papa est en train d'installer les olives dans la chambre d'amis : la maman aura le vrai lit, les filles dormiront sur les deux chauffeuses. Les chauffeuses sont des fauteuils qui ne chauffent pas mais se déplient.

– Je croyais te faire plaisir, répond maman. Et puis c'est rapide à préparer et facile à partager…

– Je préfère que tu le fasses quand on n'est que nous.

– Enfin, Bastien ! Qu'est-ce que ça veut dire ? Je n'ai pas préparé un plat pour quatre mais pour sept, tu n'en auras pas moins que d'habitude.

– C'est pas ça, c'est que… j'ai pas envie de partager mon plat préféré avec des inconnues. Elles vont rester longtemps chez nous ?

– Quelques jours, je pense, poussin. Le temps qu'on trouve une solution plus pratique pour tout le monde. Dès demain matin, j'irai me renseigner à la mairie pour avoir les coordonnées d'une association qui pourra les aider.

– Mais pourquoi vous êtes rentrées avec elles ? Elles sont devant la boulangerie depuis des jours et des jours, elles peuvent bien y rester encore un peu. Chez nous, c'est chez nous.

– Il pleuvait, lapin. Des cordes.

– Comme vache qui pisse, je ne peux m'empêcher de dire.

– Exactement ! sourit maman, étonnée. Comment connais-tu cette expression ?

---

2 **raper** reiben – 8 **se déplier** sich aufklappen – 20 **les coordonnées** l'adresse et le numéro de téléphone

– C'est papa qui me l'a apprise. C'est du langage familier.

– Tout à fait. Bref. Il pleuvait très très fort, elles étaient trempées, elles n'avaient pas d'endroit où s'abriter, et j'ai repensé à ce qu'a proposé ta sœur l'autre soir, je me suis dit que c'était trop bête, d'avoir une chambre d'amis vide alors qu'elles allaient dormir sous la pluie… Et voilà.

– Oui mais…

– Bastien chéri, on ne va pas discuter cent sept ans. Moi aussi, je préférerais que nous dînions tranquillement tous les quatre, comme d'habitude. Je préférerais que mon parquet ne soit pas mouillé, je préférerais avoir un autre programme pour demain que chercher une association pour leur venir en aide. Mais demande-toi une chose, juste une : si tu vivais dans la rue, si tu étais sans domicile, obligé de mendier devant une boulangerie pour récolter de quoi te nourrir, est-ce qu'un jour de pluie, un jour où les trottoirs sont trempés et où les gens baissent tellement la tête pour se protéger des gouttes qu'ils ne te voient même plus, déjà qu'ils ne te voient pas beaucoup d'habitude, est-ce qu'un jour de pluie tu n'aimerais pas qu'une dame s'arrête avec sa fille et te propose de venir passer la nuit au sec dans une jolie chambre d'amis, après avoir bu un thé chaud et mangé un bon plat de spaghettis ?

Je hausse les épaules. C'est sûr que vu comme ça…

---

2 **trempé, e** durchnässt – 3 **s'abriter** trouver une protection (sich schützen) – 14 **mendier** demander de l'argent (betteln) – 15 **de quoi te nourrir** etw zu essen

5

Je compare ce qu'on nous a servi. J'ai l'impression que la grande olive a plus de gratin que moi. Et j'ai l'impression que ce n'est pas qu'une impression.

– Bon appétit ! lance papa gaiement.

Les filles se jettent sur leur assiette sans prendre le temps de saisir leur fourchette. Je n'en crois pas mes yeux : elles plongent les mains dans le mélange de spaghettis et se fourrent les doigts dans la bouche comme des… aucune comparaison ne me vient. Je n'ai jamais vu personne manger comme ça.

Je regarde mes parents. Si leur maman ne dit rien, la mienne va les gronder, c'est certain.

– Alors non, dit-elle en effet. Stop. Pour manger, on utilise des couverts. Regardez-moi, toutes les deux.

Maman se lance dans une grande démonstration en faisant des gestes exagérés : elle prend sa fourchette, la plante bien verticale dans son assiette, et tourne le manche dans le sens des aiguilles d'une montre. Les pâtes s'enroulent autour des dents de la fourchette. Quand les spaghettis sont bien embobinés, maman décolle la fourchette de l'assiette et la porte à sa bouche.

– Et voilà, commente-t-elle en faisant signe à la maman olive d'essuyer les doigts pleins de sauce tomate de ses filles avec les serviettes en papier.

Elle est calme. Si j'avais attrapé ne serait-ce qu'un seul spaghetti avec mes doigts, elle m'aurait remonté les bretelles. J'en profite pour faire le robot à spaghettis, ce truc que j'ai inventé pour amuser Capucine quand j'étais plus petit : j'attrape quelques spaghettis du

---

11 **gronder qn** mit jdm schimpfen – 13 **un couvert** Besteck – 14 **une démonstration** le fait de montrer qc – 15 **exagéré, e** übertrieben – 16 **un manche** *ici :* Stiel – 17 **une aiguille** *ici :* Zeiger – 18 **embobiné, e** eingewickelt – 21 **essuyer** *ici :* nettoyer – 24 **remonter les bretelles** *fpl* **à qn** *expr* jdn schimpfen

bout des lèvres, en me penchant au-dessus de mon assiette pour ne pas me tacher avec la sauce des pâtes qui pendouillent sous mon menton (exceptionnellement, ma sœur et moi ne dînons pas en pyjama), puis je tourne les index dans mes oreilles en aspirant pour faire croire que c'est le mouvement de mes doigts qui fait disparaître les pâtes dans ma bouche. Gagné, Capucine éclate de rire, et les deux olives aussi.

Ça n'amuse pas maman :

– Bastien, tu es le plus grand. Arrête ça et montre plutôt l'exemple.

---

1 **la lèvre** Lippe – 2 **se tacher** Flecken bekommen – 3 **le menton** Kinn – 4 **un index** Zeigefinger – 4 **aspirer** *ici :* einsaugen

6

– Tu as vu ? Les filles ont dormi ensemble, dans un seul lit.

Au petit déjeuner, papa et maman partagent leurs premières impressions sur cette nuit à sept sous le même toit. J'ai entendu les filles **pleurer** un peu hier soir, puis je me suis endormi.

En fait, la maman olive sait tout de même dire quelques mots de français. Avec ça, papa, maman et elle ont vaguement réussi à communiquer. Ils ont surtout écrit : papa et maman ont noté en majuscules leurs prénoms, nos prénoms à nous et nos âges, ainsi que le nom de notre ville, Paris ; et la maman olive a fait pareil. Elle s'appelle Nicky. La petite olive s'appelle Sorina et elle a sept ans, bien qu'elle soit moins haute que Capucine qui n'en a que six. La grande olive s'appelle Magda et elle a neuf ans, comme moi, mais je la **dépasse** largement. Elles viennent de Bilbor, un village du nord de la Roumanie, dans une région qui s'appelle la Transylvanie. Je le sais parce que papa a fait des recherches sur Internet en montrant la carte à la maman après le dîner.

Maman s'est **trompée**, hier soir, quand elle a dit que j'étais le plus grand. Elle voulait dire « le plus âgé », et ce n'est pas le cas. Malgré tout, son regard par-dessus la table du petit déjeuner, où les olives nous ont rejoints, continue de me demander de montrer l'exemple. Je ne trouve pas ça juste.

Maman a recopié les informations que lui a données la maman olive sur une grande feuille à carreaux. Elle nous fait signe à Capucine et moi d'approcher :

– Je vais à la **mairie** pour évoquer la situation de Nicky et des filles, nous annonce-t-elle. L'un de vous souhaite-t-il m'accompagner ?

---

4 **pleurer** weinen – 13 **dépasser qn** *ici :* être plus grand que qn – 17 **se tromper** faire une erreur – 25 **la mairie** Rathaus, Bürgeramt

– Je veux rester ici avec Sorina et Magda, répond ma sœur.

Ma sœur est curieuse, je le vois bien. Depuis hier, elle observe les olives comme s'il s'agissait de personnages d'un livre illustré qui s'animeraient rien que pour elle.

– Moi aussi, je dis.

Moi, je n'ai pas confiance. Les olives sont pauvres. Je ne voudrais pas risquer de me faire voler mon argent de poche ou ma collection de minéraux. Je reste là. D'autant plus que j'ai visité la mairie avec ma classe au début de l'année.

– Comme vous voudrez, conclut maman en disparaissant dans l'entrée.

Je l'entends déplacer des choses, puis demander d'une voix inquiète :

– François, tu n'aurais pas vu mon sac à main ?

– Dans la chambre, chérie, répond papa pas trop fort. Je te rappelle que tu as dormi avec, cette nuit.

On dirait que je ne suis pas le seul à ne pas avoir confiance.

---

4 **s'animer** bouger, prendre vie – 13 **inquiet, ète** beunruhigt

7

Maman est revenue de la mairie avec des informations pour la maman olive. Elle lui explique comme elle peut qu'une association va étudier la situation de la famille. Ensuite, elle demande à la maman olive si les filles voudraient prendre un bain. Pour se faire comprendre, maman fait semblant de tenir une pomme de douche au-dessus de sa tête, puis de se nettoyer les bras et les épaules. Le visage de la maman olive s'éclaire :

– *Ava ! Nu* trois mois, dit-elle.

– Vous ne vous êtes pas lavées depuis trois mois ? répète maman en essayant de ne pas faire de grimace.

– Beurk ! s'écrie Capucine. C'est complètement dégoûtant !

Maman lui fait les yeux noirs avant d'entraîner les olives dans la salle de bains. Sorina et Magda se mettent à sautiller d'impatience dès qu'elles voient la baignoire. Je sais pourquoi j'ai deviné tout de suite que Magda était une fille, malgré ses cheveux courts : elle a un *visage* de fille. Avec des *yeux* de fille. En plus de ses petites boucles d'oreilles qui brillent.

– Voilà le savon et le shampoing, indique maman. Pour le corps, et pour la tête. Les serviettes sont dans ce placard, j'en sors deux, vous pouvez en prendre d'autres si besoin Nicky, d'accord ? Allez, on vous laisse tranquilles.

Maman me fait signe de filer. Elle dit encore quelques mots à la maman olive, puis elle referme derrière elle la porte de la pièce.

– Trois mois, tu te rends compte ! répète maman à papa au salon. Nicky va aux bains municipaux mais c'est interdit aux enfants, alors elle lave ses filles au robinet du square, à l'eau froide !

---

5 **une pomme de douche** Duschkopf – 13 **sautiller** → sauter – 17 **une boucle d'oreille** *f* Ohrring – 22 **filer** *fam* partir – 26 **un robinet** Wasserhahn – 26 **un square** un petit parc

Pas question pour Capucine ni pour moi de rester dans nos chambres. Nous voulons être au cœur de l'événement et au cœur de l'information.

– Les bains municipaux, c'est une piscine ? je demande.

– Non, ce sont des douches publiques.

– Pour ceux qui sont sur le trottoir, comme les olives ?

– Oui, mais aussi pour ceux qui sont de passage, en voyage par exemple, et pour ceux qui n'ont pas de quoi se laver chez eux.

Je ne connais personne dont l'appartement ou la maison n'ait pas de douche. Nous, on a deux salles de bains, et dans la grande il y a une cabine de douche en plus de la baignoire.

Les filles ont fait beaucoup de bruit et mis de l'eau partout mais leur maman a bien essuyé ensuite. Sur leur peau, le noir de bouchon s'est estompé. Elles sentent bon le shampoing. Est-ce qu'elles vont être obligées de se laver une fois par jour, comme nous, à partir de maintenant ?

Je demanderai à maman si elle peut nettoyer avec du produit désinfectant avant mon prochain bain. Sinon, j'irai me laver dans la salle d'eau des parents.

---

2 **être au cœur de qc** être au centre de qc – 14 **s'estomper** s'effacer, (presque) partir

8

J'ai sorti mon puzzle et j'éparpille les pièces sur la table basse en verre du salon. J'aime bien commencer dès le début des vacances, comme ça le puzzle progresse tranquillement de jour en jour. Et puis cette table basse-là, on ne s'en sert jamais, contrairement à celle en bois posée entre les fauteuils et les deux canapés.

Le puzzle représente un paysage de campagne, avec des meules de foin, du soleil, des chiens jaunes, et sous la terre des galeries dans lesquelles vivent des vers, des lapins et même une petite taupe. Il contient beaucoup d'éléments de la même couleur ou presque. C'est un mille cinq cents pièces. Je pense qu'il va être assez difficile. Jusqu'à présent, je n'ai encore jamais dépassé les mille pièces. J'adore ce genre de défis.

Magda et Sorina courent partout autour de moi. Magda s'arrête devant chaque meuble, ouvre les portes des placards et tire les tiroirs, et à chaque fois sa sœur hurle de joie. Comme si elles découvraient des trésors, des passages secrets ou des animaux fantastiques alors qu'il n'y a que de la vaisselle, des disques, des nappes et des torchons.

– Tout va bien, poussin ? me demande maman.

– J'arrive pas à me concentrer. Pourquoi est-ce qu'elles crient comme ça ?

Je veux être au cœur de l'événement mais il y a des limites. Cet endroit n'est pas le leur.

– Mets-toi à leur place, chéri. Pour elles, tout est nouveau. Elles ont vécu plusieurs mois dans la rue et les voilà dans un bel appartement. Alors elles sont folles de joie, et c'est tout à fait logique.

---

1 **éparpiller** überall verteilen – 3 **progresser** avancer – 6 **une meule de foin** *m* Heuschober – 8 **un ver** Wurm – 8 **un lapin** Kaninchen – 9 **une taupe** Maulwurf – 12 **un défi** un challenge – 15 **un tiroir** Schublade – 15 °**hurler** crier – 18 **une nappe** Tischtuch – 18 **un torchon** Küchentuch

Je ne vois pas pourquoi je me mettrais à la place des olives : est-ce qu'elles se mettent à la mienne, elles ?

– Où est mon chapeau ? demande papa qui a enfilé son imperméable pour sortir faire une course.

Sorina traverse la pièce en courant, le chapeau sur la tête. Papa l'arrête, et Sorina lui rend le couvre-chef.

– J'ai perdu mon cahier, annonce à son tour Capucine en traversant le couloir, sa vache à la main.

Elle a décidé de faire du coloriage, mais au salon plutôt que dans sa chambre.

– Il est ici, dit maman depuis la cuisine qu'elle vient d'atteindre.

– Qu'est-ce qu'il fait dans la corbeille à fruits ?

Quant à moi, c'est la boîte de mon puzzle qui a disparu. Elle était pourtant là il y a une minute. Je regarde partout, en prenant garde d'éviter les olives qui cavalcadent dans tous les sens. Papa leur fait des signes pour leur demander de se calmer, puis il claque la porte d'entrée. Tiens ! J'ai trouvé ma boîte de puzzle. Elle a atterri sur le dessus de la cheminée. Qui l'a posée là ?

J'observe les deux olives. Elles ne se contentent pas de bouger dans tous les sens : elles déplacent aussi les objets.

– Qui a entamé sans autorisation la brioche que je viens de sortir du four ? crie soudain maman, de sa voix pas contente.

– Pas moi, se défend aussitôt Capucine.

– Pas moi non plus, je dis.

Les regards se tournent vers les deux olives, qui tentent de s'attraper en faisant le tour de la grande lampe posée près de la fenêtre d'où l'on voit le mieux l'Arc de triomphe. Elles ont chacune dans la main un morceau de brioche, qu'elles engloutissent sans

---

3 **un chapeau** Hut – 4 **un imperméable** Regenmantel – 6 **un couvre-chef** un chapeau – 15 **cavalcader** courir – 18 **une cheminée** Kamin – 19 **se contenter de faire qc** sich damit begnügen, etw zu tun – 21 **entamer** commencer – 21 **une brioche** Hefegebäck – 28 **engloutir** *ici :* hinunterschlingen

avoir l'air coupable. Évidemment : elles ne comprennent ni le mot « brioche », ni le reste de ce que dit maman. Mais elles comprennent les gestes. Maman soupire. Je m'énerve :

– Tu ne les grondes pas ? Capucine ou moi, on serait punis si on avait mangé cette brioche sans permission. Et en dehors des repas, en plus.

Maman soupire de nouveau :

– Elles n'ont pas mangé à leur faim pendant plusieurs semaines, c'est difficile de résister à une brioche toute chaude… Alors non, je ne les gronde pas.

Tout cela est de plus en plus injuste.

---

1 **coupable** schuldig – 3 **soupirer** seufzen – 4 **gronder qn** jdn ausschimpfen – 4 **puni, e** bestraft – 8 **manger à sa faim** manger assez – 11 **injuste** ungerecht

9

Je suis hyperconcentré sur mon puzzle. Je commence toujours par les bords, c'est le plus facile. Après avoir reconstitué le cadre complet, j'ai presque entièrement formé la première des meules de foin, celle au pied de laquelle est posé un chapeau de paille.

En même temps qu'elle préparait le déjeuner, maman a téléphoné à l'association. Puis elle est ressortie après le dessert.

Les olives sont allées se reposer dans la chambre d'amis, Capucine joue dans la sienne avec sa peluche-vache au corps rectangulaire comme une brique de lait. Je suis seul dans le salon, pourtant j'ai la désagréable impression qu'on m'observe.

– Haaaa !

Je pousse un grand cri.

– Que se passe-t-il, Bastien ? demande papa depuis son bureau.

Ce qu'il se passe, c'est que deux yeux bleus sont apparus entre les meules de foin. Sorina s'est glissée sous la table en verre sans que je m'en aperçoive. Elle est allongée sur le parquet. Elle aime particulièrement être par terre ou quoi ?

– Rien, je réponds.

– Alors sois un peu plus calme, s'il te plaît, lance papa.

C'est moi qu'on dérange en pleine concentration et c'est à moi qu'on demande d'être calme ? C'est un comble ! Je cherche ce que je pourrais dire à Sorina pour qu'elle ne recommence pas et qu'elle apprenne à respecter les activités qui demandent de la patience, mais la plus petite des olives a déjà filé.

J'inspire un grand coup et je reviens à mon puzzle.

Je n'ai pas placé la moindre pièce que j'entends la clé cliqueter dans la serrure de la porte d'entrée :

---

2 **un bord** Rand – 2 **un cadre** Rahmen, *ici :* la partie autour – 4 **un chapeau de paille** Strohhut – 9 **une brique** *ici :* Tetra Pak – 10 **désagréable** unangenehm – 21 **C'est un comble !** Das ist der Gipfel! – 26 **cliqueter** klimpern – 27 **une serrure** Schloss

– Les filles vont pouvoir aller au **centre de loisirs**, annonce maman en entrant dans le salon.

Je commence à en avoir assez qu'on ne parle que des olives. J'existe, moi aussi. Mon mille cinq cents pièces commence vraiment bien et personne ne semble **s'en apercevoir**.

– Sorina m'**empêche** de me concentrer, je miaule.

– Ah bon ? Mais où est-elle ? Je ne la vois pas.

– Elle vient de s'en aller…

– Patience, mon poussin. Dès lundi, les filles seront **prises en charge** toute la journée et nous retrouverons nos petites habitudes.

Maman semble oublier qu'on est samedi, et qu'entre le samedi et le lundi, il y a le dimanche. La patience, moi, je n'en ai que pour les puzzles.

---

1 **un centre de loisirs** *mpl* un centre où les enfants font des activités pendant les vacances (Ferienfreizeit) – 5 **s'apercevoir de qc** remarquer qc – 6 **empêcher qn de faire qc** jdn daran hindern etw zu tun – 9 **qn est pris en charge** für jdn wird gesorgt

10

La maman olive n'arrête pas de me sourire. Elle passe un chiffon sur tous les meubles de la pièce et chaque fois que je la regarde son visage s'éclaire. Elle a l'air si heureuse que je n'ose pas lui faire remarquer que sa présence perturbe ma concentration.

– Nicky, qu'est-ce que vous faites ? s'étonne maman en la voyant.

– Ménage pour merci, répond la maman des olives.

– Pas question ! Adélaïde vient déjà deux fois par semaine… Donnez-moi ce chiffon Nicky, vous n'avez pas à vous occuper de ça. Je ne vous ai pas fait venir chez moi pour vous faire travailler ! Nous allons plutôt voir comment nous pouvons remplir les papiers qu'on m'a donnés à l'association, d'accord ?

Ce samedi est le plus long de mon existence. Pour la première fois de ma vie, je regrette qu'il n'y ait pas d'école ce jour-là. Et je n'ai même pas de devoirs à faire pour lundi ! Je maudis celui qui a inventé les vacances, c'est le comble ! J'entends maman expliquer à la maman olive que pour pouvoir rester en France il faut qu'elle trouve un travail.

– Toi tu ne travailles pas, maman, intervient Capucine.

Ma sœur est revenue au cœur de l'événement après avoir expliqué le fonctionnement de son labyrinthe à billes aux olives. Elle trouve que ce n'est finalement pas drôle de jouer avec des enfants qui se parlent entre elles et qu'elle ne comprend pas.

– L'important, c'est qu'au moins une personne travaille au sein du foyer, explique papa en traduisant pour la maman olive avec l'aide de son téléphone portable.

– Pas travail, répond la maman olive, inquiète.

---

2 **un chiffon** Lappen – 4 **perturber** déranger – 14 **qu'il n'y ait pas** *subjonctif de* avoir – 15 **maudire** verfluchen – 25 **un foyer** *ici :* une famille

– L'association est là pour ça, justement, la rassure maman.

– Mais toi, tu vas travailler aussi ? questionne encore Capucine, qui ne comprend rien.

– Ma chérie, tu aimerais aller au parc Monceau ? demande papa à ma sœur.

– Ouiiii ! sautille-t-elle de joie.

– Alors laisse-nous tranquilles un moment, et s'il ne pleut pas on ira demain.

Capucine ramasse ses chaussons qu'elle avait enlevés et elle se dirige vers le couloir. Elle s'arrête juste avant de franchir la double porte du salon et se retourne :

– On pourra faire du poney ?

---

9 **des chaussons** *mpl* Hausschuhe – 12 **faire du poney** Ponyreiten

11

Aujourd'hui c'est dimanche, et malheureusement il fait beau. Au cas où papa aurait oublié sa promesse de nous emmener au parc, ma sœur est là pour la lui rappeler :

– On va pouvoir faire du poney ! crie-t-elle dès le petit déjeuner.

Le soleil ayant lui aussi décidé de rester avec nous, on se prépare aussitôt le repas de midi terminé.

– Est-ce que je peux prendre mes rollers ? demande ma sœur.

– Et moi ma trottinette ? je demande.

Maman hésite quelques secondes avant de répondre :

– Non, on ne prend rien, ce ne sera pas sympa pour Magda et Sorina si vous n'allez pas tous à la même vitesse.

Je connais très bien le parc Monceau. Non seulement il est tout près de chez nous, mais on y est venus des milliards de fois. Pourtant, bizarrement, aujourd'hui je le regarde différemment. Comme si je le voyais par les yeux des olives, qui le découvrent. C'est vrai que c'est joli, cette rotonde. C'est vrai que c'est étonnant, cette colonnade qui se reflète dans l'eau du bassin ovale. C'est vrai qu'elles sont bien faites, ces statues qu'on croise au détour des bosquets.

Les filles s'extasient devant les grandes pelouses et les petites allées. Sur la piste, des enfants foncent avec leurs rollers et leur trottinette. Je regrette de ne pas avoir de roues sous mes semelles pour m'éloigner : certaines personnes doivent deviner que les olives viennent du trottoir. Je ne suis pas fier d'être vu avec elles.

---

7 **(une paire de) rollers** Inlineskates – 9 **hésiter** zögern – 17 **un bassin** Becken – 19 **un bosquet** un groupe d'arbres – 20 **s'extasier** s'enthousiasmer – 20 **une pelouse** Rasen – 21 **foncer** aller très vite – 22 **regretter** trouver dommage – 22 **une roue** Rad – 22 **une semelle** Sohle – 23 **s'éloigner** aller plus loin – 24 **fier, fière** stolz

En apercevant l'aire de jeu, Sorina pousse des cris de joie. Les yeux pleins d'espoir, elle se retourne vers sa maman. Mais c'est la mienne qui répond :

– Oui, vous pouvez y aller.

Je n'ai pas fait deux pas que Sorina dévale déjà le toboggan. Magda et elle s'amusent un moment dans le bac à sable tandis que Capucine et moi nous dirigeons vers les balançoires. Après nous avoir observés, les deux sœurs viennent s'installer dans la balançoire voisine de la nôtre.

– Quand est-ce qu'on fait du poney ? demande Capucine, qui ne perd pas de vue son objectif du jour.

Papa lui fait signe : c'est maintenant. Nous rejoignons le point de départ des balades.

– Bastien, tu as envie de faire un tour aussi ?

Je regarde ma sœur, qui piaffe d'impatience, et les olives, dont les yeux brillent en détaillant les poneys comme s'il s'agissait de peluches géantes. D'un coup, je n'en peux plus de leur extase à toutes les trois. Ce ne sont rien d'autre que des poneys, ce n'est rien d'autre qu'un jardin public un dimanche après-midi. Pas de ma faute si ma sœur s'émerveille de tout et si les olives n'ont rien vécu d'exceptionnel.

– Non merci, je préfère rester sur ce banc.

– Sûr ? Bon, comme tu voudras.

Papa achète des tickets. Capucine saute de joie quand elle constate qu'il a choisi le grand parcours. Je vais être tranquille un moment. Les trois filles se laissent visser des casques sur le crâne. Maman prend la longe du poney de ma sœur, papa celles

---

1 **apercevoir** voir – 1 **une aire de jeu** Spielplatz – 2 **l'espoir** *m* → espérer – 5 **dévaler** descendre vite – 5 **un toboggan** Rutsche – 6 **un bac à sable** Sandkasten – 7 **une balançoire** Schaukel – 11 **un objectif** un but – 15 **piaffer** s'agiter, bouger – 20 **s'émerveiller de qc** trouver que qc est merveilleux, génial – 21 **exceptionnel, le** fabuleux, -se – 26 **visser** *ici :* mettre – 27 **un crâne** *ici :* une tête – 27 **une longe** Leine, Zügel

des montures des olives, et les voilà partis en direction du bassin. Bon débarras.

– Gentil papa, gentil maman.

Zut, Nicky. Elle s'est assise à côté de moi sur le banc. Je n'ai pas franchement envie de lui faire la conversation. Je hoche la tête puis je fais mine d'être absorbé par le trajet que suivent les lacets de mes baskets. Nicky ne rajoute rien.

Et finalement, je trouve le temps long.

La petite équipe revient enfin. Les olives paraissent ravies mais Capucine est contrariée : elle voulait que son poney mange les grains de pop-corn qu'un enfant a laissés tomber par terre mais maman a refusé car les poneys ont une alimentation spécifique et il est interdit de les nourrir en chemin.

– Eh bien, quelle balade ! s'exclame papa après avoir rendu les poneys à leur responsable. Je propose une gaufre pour se remettre de ces émotions.

Nous prenons la direction du kiosque, près du manège. Maman commande une gaufre au sucre glace pour chacun tandis que papa fait le récit de la promenade. Les olives ponctuent ses propos de grands gestes enthousiastes, comme pour traduire le compte rendu à leur maman en langue des signes. Malgré la gaufre, j'ai l'impression de participer à la conclusion d'une aventure dont je me suis volontairement exclu.

De retour chez nous, maman gronde de nouveau la maman des olives :

---

1 **une monture** un cheval, un poney – 2 **bon débarras** *fam* eine wahre Erlösung – 5 °**hocher la tête** mit dem Kopf nicken – 6 **faire mine de faire qc** faire comme si on faisait qc – 6 **être absorbé, e par qc** être concentré, e sur qc – 6 **un trajet** un chemin – 6 **un lacet** Schnürsenkel – 9 **ravi, e** très heureux, -euse – 10 **contrarié, e** ≠ content, e – 15 **se remettre** sich erholen – 17 **un manège** Karussell – 18 **le sucre glace** Puderzucker – 19 **faire le récit de qc** raconter qc – 19 **ponctuer** *ici :* accompagner – 20 **un compte rendu** Bericht – 21 **la langue des signes** *mpl* Gebärdensprache – 23 **volontairement** freiwillig – 23 **s'exclure** sich ausschließen

– Nicky ! Je vous ai déjà dit que vous n'aviez pas à faire quoi que ce soit…

Elle est en train de nettoyer les plats du déjeuner dont maman n'a pas eu le temps de s'occuper avant qu'on sorte.

– Vaisselle pour merci, répond la maman.

– Nous avons un lave-vaisselle ! Comme ça, personne n'a à nettoyer la vaisselle, parce que personne n'aime ça… Et puis, Nicky, il faut que vous compreniez bien une chose : j'accepte vos remerciements, mais cela nous fait aussi plaisir de vous aider.

Je trouve que maman emploie le pluriel un peu n'importe comment.

3 **un plat** *ici :* Schüssel, Platte

12

Maman en a appris davantage sur les olives. À l'association, il y a quelqu'un qui parle leur langue, le romani. Ce matin, après avoir conduit Magda et Sorina au centre de loisirs avec Capucine, maman y a emmené la maman olive. Papa est au travail, et moi j'ai exceptionnellement eu le droit de rester tout seul pour avancer sur mon puzzle. Enfin tranquille ! Pas de centre de loisirs pour moi cette année : je fais un stage d'artisanat tous les après-midis. Ça commence tout à l'heure et j'ai hâte. J'adore ce qui demande de la patience et de la concentration ; c'est encore plus motivant que le rugby.

Papa rentre déjeuner avec nous. Avant qu'on passe à table tous les quatre, maman, la maman des olives, papa et moi, il s'isole avec maman et lui demande comment s'est passée la matinée. Mon puzzle est l'alibi idéal pour rester au salon et tendre l'oreille. J'entends parfaitement ce qui se dit dans la cuisine. Maman raconte à papa ce qu'elle a découvert.

En Roumanie, la maman des olives travaillait dans une entreprise de barquettes de salade de fruits. Mais une enquête a révélé que le fabricant, pour que les fruits se conservent plus longtemps, ajoutait dans les barquettes un produit interdit à la consommation. L'usine qui employait la maman des olives a dû arrêter sa production, et les salariés ont été renvoyés.

– Elle était payée l'équivalent de vingt euros par mois, tu te rends compte ?

---

1 **davantage** plus – 7 **l'artisanat** *m* Kunsthandwerk – 8 **avoir °hâte** ne pas pouvoir attendre, vouloir que qc commence vite – 14 **tendre l'oreille** *f* (essayer d') écouter – 18 **une entreprise** Betrieb – 18 **une barquette** Schale, Schälchen – 18 **une enquête** *ici :* Ermittlungen – 21 **la consommation** Verbrauch, *ici :* Verzehr – 21 **une usine** Fabrik – 21 **employer** faire travailler (beschäftigen) – 22 **être renvoyé, e** devoir quitter son travail (entlassen werden)

– C'est moins que ce qu'on a dépensé pour les balades en poney hier.

– Son mari travaillait dans la même entreprise mais lui a retrouvé quelque chose… poursuit maman. Seulement, ce n'est pas suffisant pour nourrir toute la famille. Ils ont une troisième fille, plus âgée que Magda.

– Et il ne s'inquiète pas, son mari ? demande papa. Ils se donnent des nouvelles ? Il sait que sa femme et ses filles dorment dans la rue ? Et qu'elles n'y sont plus depuis vendredi ?

– Je l'ignore. Je vais en parler à Nicky. Peut-être qu'elle aimerait lui téléphoner…

Je n'arrive pas à imaginer qu'il y a deux autres olives loin d'ici. Ça doit être étrange d'être séparés. Une famille coupée en deux. Comme des pièces de puzzle éparpillées à des milliers de kilomètres de distance, et qu'il faudrait rassembler.

En attendant, mon puzzle à moi a bien progressé. J'ai reconstitué une bonne partie des galeries souterraines. Et ça me plaît, de faire apparaître ces vies invisibles qui font pourtant partie de la nôtre.

---

5 **suffisant, e** assez – 7 **s'inquiéter** sich Sorgen machen – 15 **rassembler** remettre ensemble

13

Mon stage d'artisanat est génial : chaque jour, un artisan différent vient nous présenter son métier puis nous apprend à réaliser une création. Lundi, on a fait de la poterie (j'ai tourné jusqu'à obtenir une cruche) ; mardi, le travail du cuir (j'ai fabriqué une ceinture à ma taille) ; mercredi, de la sculpture sur pierre (j'ai sculpté un bas-relief) ; jeudi, de la sculpture sur bois (j'ai façonné une tortue) ; et vendredi, de la céramique (j'ai représenté un cerf-volant aux couleurs de l'arc-en-ciel). Ma tortue en bois a rejoint celle en céramique sur mon étagère ; je pourrais peut-être démarrer une collection.

La première semaine, c'est le niveau « découverte », la deuxième le niveau « perfectionnement. » La perspective de continuer le stage dès demain me permet d'oublier un peu que les olives sont installées chez nous pour de bon. Depuis dix jours maintenant. Je n'ai pas pu détailler comme je le voulais mes prouesses en artisanat à papa et maman : il fallait laisser parler les filles. Capucine ne raconte pas grand-chose, ce n'est pas elle le problème. En revanche, elle s'entend de mieux en mieux avec Magda, et plus encore avec Sorina. Et les olives font elles aussi chaque soir le récit de leur journée au centre de loisirs, d'abord dans leur langue à leur maman, puis en inventant des mots pour essayer de parler français. Maman les encourage, papa les félicite, maman les corrige, papa leur apprend d'autres mots… Ça n'en finit pas !

Et ce n'est pas tout. Grâce aux gens de l'association, maman a réussi à faire inscrire les olives à l'école : après les vacances,

---

2 **un métier** Beruf – 3 **la poterie** Töpferei – 4 **une cruche** Krug – 4 **le cuir** Leder – 5 **une ceinture** Gürtel – 5 **la sculpture sur pierre** *f* Meißeln – 7 **façonner** *ici :* schnitzen – 8 **un cerf-volant** Drachen – 8 **un arc-en-ciel** Regenbogen – 10 **démarrer** commencer – 15 **détailler** *ici :* raconter en détail – 15 **une prouesse** une performance, un succès – 22 **encourager qn** donner à qn le courage de faire qc – 22 **féliciter qn** complimenter qn, congratuler qn

pour les deux derniers mois de l'année scolaire, Magda et Sorina iront à l'école comme Capucine et moi. Dans *notre* école. Mais pas dans les mêmes classes que nous, heureusement : elles seront dans une classe réservée aux enfants qui ne parlent pas le français. Impossible d'apprendre les adjectifs et la conjugaison quand on ne connaît pas le vocabulaire de base. Pour elles, le français est une langue étrangère.

L'appartement, l'école à présent… Quand est-ce qu'elles arrêteront d'empiéter sur mon territoire ? Je les préférais quand elles étaient assises devant la boulangerie. Au moins, je n'étais pas obligé de penser à elles à longueur de journée.

C'est encore la nuit que les olives prennent le moins de place. Magda et Sorina dorment toujours dans le même lit. Ça doit être franchement inconfortable mais elles ne veulent pas être séparées.

Et moi, j'ai bien peur qu'on ne nous en débarrasse pas de sitôt.

---

9 **empiéter sur qc** in etw eingreifen – 15 **débarrasser qn de qn/qc** aider qn à faire partir qn/qc

14

Dans la maison où vit le papa des olives, il n'y a pas le téléphone. Maman doit appeler à la mairie du village en Roumanie. C'est le grand événement de ce samedi matin.

C'est le maire en personne qui décroche. Nicky lui parle à une vitesse incroyable. Elle a mis le haut-parleur. Sorina et Magda sont blotties contre elle comme quand elles lisaient leur livre sur le trottoir, façon oisillons. Tout le monde entend mais il n'y a qu'elles qui comprennent.

Elles réagissent soudain toutes les trois en même temps et se regardent. Qu'a dit le maire ? Ça a l'air d'être important.

La maman répond quelque chose puis raccroche.

– Tout va bien ? s'inquiète papa.

– Mari parti chercher. Aller association traduire ! s'exclame la maman des olives.

Le papa est parti chercher quoi ? Nicky n'a pas achevé sa phrase. Je regarde les filles sans parvenir à savoir si c'est une mauvaise ou une bonne nouvelle.

Maman retourne une nouvelle fois à l'association avec la maman olive et les filles, qui après ce coup de téléphone ne veulent pas se séparer de leur maman. La personne qui parle le romani n'est pas là mais maman revient avec le programme de l'après-midi : emmener Magda et Sorina se faire vacciner, puisque c'est obligatoire pour aller à l'école, et présenter la maman olive à la patronne d'un hôtel devant lequel nous sommes passés en allant au parc Monceau, et qui cherche quelqu'un pour nettoyer les chambres. Pour faire le ménage, pas besoin de savoir parler le français. Super, le planning du week-end !

---

4 **le maire** Bürgermeister – 4 **décrocher** répondre au téléphone – 5 **un °haut-parleur** Lautsprecher – 13 **traduire** übersetzen – 15 **achever** finir, terminer – 16 **parvenir à faire qc** réussir à faire qc – 22 **se faire vacciner** sich impfen lassen – 24 **un, e patron, ne** *ici :* Wirt/in

C'est papa qui accompagne les olives pour le vaccin. Capucine, qui veut être au cœur de l'événement, demande si elle peut venir aussi. Maman refuse :

– Ça n'a aucun intérêt, explique-t-elle. Et je te ferai remarquer que toi-même, tu détestes ça. Tu aimerais qu'on te regarde pendant que le médecin te fait la piqûre ?

Capucine hausse les épaules. Moi, j'espère secrètement que le vaccin va faire tellement mal aux olives qu'elles ne seront pas en état d'aller à l'école lundi matin.

4 **ça n'a aucun intérêt** ça ne sert à rien – 6 **une piqûre** Spritze

15

À partir de maintenant, plus besoin de sortir de l'appartement pour communiquer : papa a trouvé un logiciel qui traduit le romani en français et le français en romani, et il l'a installé sur l'ordinateur quand toute la troupe est revenue de chez le médecin.

La nouvelle, c'est que le maire a annoncé qu'il ne pourrait pas passer le message au papa des olives : le mari de Nicky, inquiet de ne plus avoir de contact, est parti en France en emmenant Cornelia, la grande sœur de Sorina et Magda, pour retrouver le reste de la famille.

– Ils vont venir chez nous aussi ? je demande.

Je sais bien que le papa pourrait dormir avec la maman dans le lit, et que la grande sœur pourrait utiliser la chauffeuse vide, puisque Magda et Sorina dorment toujours ensemble, mais… S'ils sont tous là, ils seront plus nombreux que nous. Déjà que je ne me sens plus vraiment chez moi…

– Je ne vois pas comment ils vont faire pour retrouver Nicky et les filles, Paris est une si grande ville et ils n'ont pas notre adresse… soupire maman.

Elle a l'air sincèrement désolée.

Moi, ça me rassure. C'est vrai que Paris est une grande ville. On y croise tout un tas de gens qu'on ne connaît pas, qu'on n'a jamais vus et qu'on ne revoit jamais plus, mais on ne rencontre qu'exceptionnellement les copains de classe ou de rugby. Les pièces de puzzle ne sont pas près de s'assembler.

Du coup, ça ne fait qu'une seule mauvaise nouvelle pour aujourd'hui : car les olives sont rentrées du cabinet médical comme si elles revenaient d'une balade au parc. Rien ne les empêchera d'être présentes pour la rentrée.

---

2 **un logiciel** un programme informatique

Quant à moi, j'ai terminé mon puzzle. Défi remporté ! Maman n'a pas paru aussi fière que les autres fois ; je n'avais pourtant encore jamais réussi de mille cinq cents pièces. Elle m'a demandé de ranger sans tarder les pièces dans la boîte, elle veut utiliser la table en verre pour réunir de nouveaux documents à transmettre à l'association au sujet des olives. Décidément, il n'y en a plus que pour elles dans cette maison.

1 **remporté, e** *ici :* gagné, e – 4 **sans tarder** sans attendre

16

Mamilaine nous téléphone. Évidemment, maman l'a mise au courant pour les olives.

– Tu dois être content d'avoir des invitées à la maison, toi qui me dis toujours quand je m'en vais que la chambre d'amis s'ennuie lorsqu'elle est vide.

– Ce n'est pas la même chose quand c'est toi qui y dors.

– L'hospitalité est quelque chose de très important, déclare Mamilaine. Tu ne serais pas là si un inconnu ne s'était pas un jour montré accueillant avec notre famille…

Je m'étonne :

– Ah bon ?

À ma connaissance, personne de ma famille n'a jamais dormi sur le trottoir. Heureusement !

– Oui, reprend Mamilaine. Un fermier a caché mon papa pendant la guerre, figure-toi. Sans ça, ton arrière-grand-père aurait certainement été arrêté, il n'aurait jamais rencontré ton arrière-grand-mère et je ne serais pas née… Sans Mamilaine, pas de maman, et sans maman, pas de Bastien.

Je n'avais jamais entendu cette histoire.

– Mais si on l'avait découvert ? je demande. Le fermier aurait été arrêté, lui aussi ?

– Sans doute.

– Alors c'était vraiment courageux de sa part.

– Je ne te le fais pas dire, chaton, conclut Mamilaine.

---

1 **mettre qn au courant** informer qn – 4 **s'ennuyer** → ennuyeux, -euse – 7 **l'hospitalité** *f* le fait de savoir recevoir des invités (Gastfreundschaft) – 9 **accueillant, e** → l'accueil *m* – 14 **un fermier** une personne qui travaille dans une ferme (Landwirt) – 15 **figure-toi** imagine

17

Le moment tant redouté est arrivé : c'est la rentrée. On reprend nos habitudes mais pas tout à fait. On part tous les six, maman, Capucine et moi, et aussi les olives. En principe, c'est papa qui nous conduit à l'école le matin et maman qui vient nous chercher le soir, mais aujourd'hui c'est exceptionnel, et maman doit parler des olives à la directrice.

Les trois olives marchent derrière nous, la maman entre les deux filles.

– Il faut bien que vous vous rendiez compte que nous faisons une bonne action, dit maman tandis que nous approchons de l'école. C'est très généreux de votre part d'accueillir chez vous Magda et Sorina et de vous comporter avec elles aussi bien que vous l'avez fait tout au long de ces vacances. Cela prouve que vous êtes de bonnes personnes. Et moi, cela me rend très fière de vous. Bonne journée, mes chéris.

Je me fiche complètement d'être une bonne personne. Je m'éloigne des olives dès qu'on franchit le seuil de l'école. Je ne tiens pas à ce qu'on me voie avec elles. Elles m'ont déjà gâché mes vacances, je ne vais pas en plus les laisser me gâcher mes journées avec les copains. Voilà justement Apollin qui s'approche : il va pouvoir me raconter son séjour en Tanzanie. Si je lui pose suffisamment de questions, il n'aura pas le temps de me demander ce que j'ai fait en dehors de mon stage d'artisanat.

À la récré, Apollin veut jouer au safari. Pour une fois qu'il ne nous demande pas d'imiter les super-héros, sa passion ! Certains font les animaux, d'autres les touristes, et lui tient le rôle du

---

1 **redouté, e** dont on a peur – 9 **se rendre compte** réaliser, comprendre – 12 **se comporter** sich verhalten – 13 **prouver** montrer – 16 **je me fiche de qc** qc m'est égal – 17 **franchir le seuil d'un lieu** entrer dans un lieu – 17 **ne pas tenir à ce que**… ne pas vouloir que… – 18 **gâcher** verderben

rabatteur : c'est la personne chargée de diriger les bêtes vers les vacanciers pour qu'ils puissent les voir de près et prendre de belles photos.

J'aperçois Magda et Sorina. Elles ne se lâchent pas d'une semelle. Je fais le maximum pour éviter le coin où elles sont. J'espère qu'elles ne m'ont pas vu… Loupé ! Magda me regarde, et lève un peu la main. Je fais comme si je ne l'avais pas remarquée et je cavale à l'autre bout de la cour.

Pendant les vacances, Apollin a vu des éléphants, des girafes, des gnous, des guépards, des léopards, des hippopotames, des rhinocéros, des buffles, des chacals, des antilopes, des impalas, des hyènes, des gazelles, des zèbres et trois lions. Moi, une tortue en bois et des poneys dont deux étaient montés par des olives. Super !

---

1 **chargé,e de faire qc** qui a pour mission de faire qc – 4 **ne pas se lâcher d'une semelle** *expr* toujours rester ensemble – 5 **éviter** vermeiden – 8 **cavaler** courir – 10 **un hippopotame** Nilpferd – 11 **un rhinocéros** Nashorn

18

Ça fait une semaine que l'école a repris. Le soir, tout le monde est tellement occupé à admirer les progrès des olives qu'on oublie de m'interroger sur la façon dont je les aide à s'intégrer dans l'école. Maman m'a bien demandé si on mangeait à la même table à la cantine, mais elle n'a même pas écouté la réponse. Elle préfère questionner la maman olive sur son travail à l'hôtel. La maman fait le ménage comme il faut mais il y a un problème avec un papier pour l'association. Je m'en fiche : les histoires des olives, ce ne sont pas mes oignons.

Jusqu'à maintenant, j'ai réussi à ne pas éveiller les soupçons d'Apollin ni des autres à l'école. Je maîtrise à la perfection l'art d'esquiver les olives. Mais là, à la façon dont Apollin fronce les sourcils, je sais que cette fois je vais devoir répondre.

– Tu les connais, les deux nouvelles ?

Pour les arts plastiques, le sport et la musique, des matières dans lesquelles le français est moins important, Magda rejoint notre groupe de CM1 avec Samir, un garçon de dix ans venu d'Italie et qui est dans la même classe spéciale qu'elle.

– Non.

– Alors pourquoi vous arrivez en même temps le matin ?

– C'est le hasard.

– Et c'est le hasard aussi si c'est ta mère à toi qui vient vous chercher tous les quatre le soir, et si vous repartez ensemble ?

– Bon, je voulais pas trop le dire mais… elles habitent dans notre immeuble. Elles se sont installées pendant les vacances scolaires.

---

2 **admirer** bewundern – 8 **ce ne sont pas mes oignons** *expr* ce ne sont pas mes affaires (**un oignon** Zwiebel) – 10 **éveiller les soupçons de qn** *mpl* jds Verdacht erregen – 11 **maîtriser** meistern – 12 **esquiver** ausweichen – 12 **froncer les soucils** *mpl* die Augenbrauen runzeln – 21 **le °hasard** Zufall

– Et pourquoi tu voulais pas le dire ?

– J'sais pas, elles ne m'inspirent pas confiance… Elles ne t'ont pas l'air louche, à toi ?

---

2 **inspirer confiance à qn** jdm Vertrauen einflößen – 3 **louche** verdächtig

19

– Lâche le ballon, sale Rom !

Apollin s'approche de Magda et lui arrache la balle des mains. J'observe la scène du coin de l'œil. D'abord surprise, Magda court après Apollin.

– Répète ! crie-t-elle.

L'école a accéléré ses progrès. Elle connaît de plus en plus de mots et arrive de mieux en mieux à se faire comprendre. Pareil pour Sorina. Papa m'a expliqué que l'être humain est capable d'intégrer une langue étrangère très rapidement s'il en a besoin.

– J'ai dit « lâche le ballon », fait Apollin, qui ne s'attendait visiblement pas à être rattrapé aussi facilement.

– Mais après ?

– J'ai dit « Rom ». C'est bien ce que tu es, non ? Une Rom ! s'exclame Apollin en faisant une passe à Virgile. Une sale Rom !

– C'est quoi, une Rom ? demande Émilie, une fille de ma classe qui se mêle toujours de tout et dont Apollin est un peu amoureux – on se demande bien pourquoi.

– Ben… Une romanichelle. Quelqu'un qui n'a pas de maison, qui habite dans une caravane et qui se lave pas.

Magda pousse Apollin d'un grand coup des deux mains. Surpris, il bascule en arrière et tombe sur les fesses. Magda fait un pas de plus vers lui et le bombarde de coups de pied.

– Eh ! Ça va pas ? s'énerve Apollin. Aïe ! Arrête !

– Moi pas sale ! réplique Magda en continuant à donner des coups de pied à Apollin. Je lave douche et je habite…

Elle se tourne vers moi. Elle ne va quand même pas le dire… C'est trop ! Hors de question ! Je fonce vers Magda et la pousse à mon tour. Elle s'étale de tout son long.

---

16 **se mêler de qc** sich in etw einmischen – 18 **une romanichelle** *péjoratif pour* une Rome – 21 **basculer** umkippen – 27 **foncer** aller vite – 28 **s'étaler** tomber

– Tu saignes ! crie Émilie. Elle saigne ! Maîtresse, Magda est tombée et elle saigne !

La maîtresse arrive en courant. Elle était tout près, la bagarre entre Apollin et Magda avait déjà attiré son attention.

– Qu'est-ce qui se passe ici ? s'exclame-t-elle.

Puis elle voit le sang qui coule sur le visage de Magda, le long de l'oreille, du côté où elle est tombée. Sorina déboule. Elle dit quelque chose d'incompréhensible à sa sœur et se met à pleurer en lui caressant les cheveux. Magda, elle, ne pleure pas. Ses yeux bleus jettent des regards noirs.

– Qui a fait ça ? demande encore la maîtresse.

– C'est Bastien ! lâche Émilie.

Je la déteste. Ce n'est tout de même pas de ma faute si Magda n'a pas essayé d'amortir sa chute !

– Magda a commencé ! C'est elle qui a d'abord poussé Apollin… je proteste en désignant mon copain toujours assis par terre.

Sauf que lui n'a rien, et que je sens bien que ma défense est aussi efficace qu'un bouclier en carton face à une armée de chevaliers. La maîtresse semble plus énervée que jamais.

– Je ne veux rien savoir de plus ! Chez la directrice, et en vitesse ! Tous les deux ! Émilie, tu conduis Magda à l'infirmerie, je vous rejoins dans cinq minutes.

---

1 **saigner** bluten – 3 **une bagarre** Streit, Schlägerei – 7 **débouler** arriver – 14 **amortir** abfedern – 14 **une chute** le fait de tomber (Sturz) – 18 **un bouclier** Schild – 18 **un chevalier** Ritter – 21 **une infirmerie** Krankenzimmer

20

La directrice affiche un air vraiment mécontent.

– Apollin, les insultes ne sont pas tolérées dans cette école. Et je te recommande très chaudement de t'en passer également *en dehors* de l'école. Tu dois apprendre à ne juger personne, et à ne jamais critiquer un camarade pour ce qu'il est.

Apollin baisse la tête et promet qu'il a compris.

– Tu peux retourner dans la cour, poursuit la directrice, j'aimerais rester en tête à tête avec Bastien.

La présence d'Apollin me rassurait. Je sens que je vais passer un mauvais quart d'heure.

– Bastien, en ce qui te concerne c'est autre chose qui me chagrine. Tu connais la situation de Magda, tu es bien placé pour savoir qu'elle a besoin d'être protégée. Au lieu de la défendre, tu l'enfonces davantage, c'est inadmissible. T'es-tu seulement demandé comment tu te sentirais si tu étais parachuté dans une nouvelle école, dans un nouveau pays dont tu ne comprends pas encore bien la langue ? Et comment tu réagirais si ton seul ami se détournait de toi ?

Moi, l'ami de Magda ? Il y a comme un problème de vocabulaire. Mais je suis trop pressé de quitter le bureau de la directrice pour corriger ses propos.

J'en ai vraiment assez de tous ces adultes qui me demandent de me mettre à la place des olives. Pendant ce temps, aucun d'entre eux n'essaye une seule seconde de se mettre à la mienne.

---

2 **une insulte** Beleidigung – 3 **se passer de qc** ne pas utiliser qc – 6 **baisser** senken – 8 **en tête à tête** (Gespräch) unter vier Augen – 9 **rassurer** beruhigen – 12 **chagriner qn** rendre qn triste et/ou mécontent – 14 **enfoncer qn** rendre la situation de qn encore plus difficile – 14 **inadmissible** inacceptable – 15 **être parachuté, e** être tout à coup envoyé, e – 20 **être pressé, e** es eilig haben

Lorsque la sonnerie de fin de journée retentit, je suis traversé par un frisson désagréable. Je vais devoir rentrer à la maison avec Magda et affronter son regard…

Je comprends en atteignant le porche que je vais avoir un autre regard à affronter : celui de maman.

– Bastien ! Je viens de voir la directrice. Elle m'a raconté ce qui s'est passé dans la cour tout à l'heure. Je suis absolument consternée par ta réaction. Tu me donneras des explications dès qu'on sera à la maison.

– D'accord, dis-je en baissant la tête. Alors est-ce que je peux rentrer directement ? Je ne mérite pas d'avoir un goûter à la boulangerie.

J'ai surtout besoin de temps pour trouver une excuse, de préférence sans avoir sous le nez Magda et son visage sanguinolent.

Maman plisse légèrement les yeux.

– En effet. Je vais en profiter pour parler aux filles. Tu as ta clé ?

– Oui.

– Alors c'est d'accord. À tout de suite, sois prudent.

Je quitte le porche au moment où apparaît Magda, dont la blessure a été nettoyée. Elle s'est à peine fait mal, j'en étais sûr. Il n'empêche que j'ai moins envie de lui parler que jamais.

Marcher seul me fait du bien. L'école n'est vraiment pas loin de l'appartement, mais ces quelques minutes me permettent de mettre de l'ordre dans mes idées. Je vais dire à maman que je n'ai pas fait exprès de pousser Magda, voilà tout. Ou mieux : que je voulais juste défendre mon copain. Oui, ça c'est une raison valable. C'est important, de défendre ses amis. Même la directrice l'a dit.

---

2 **un frisson** Zittern – 4 **atteindre un lieu** arriver dans un lieu – 4 **un porche** (Portal) Vorbau – 8 **consterné, e** bestürzt – 15 **plisser** *ici :* zusammenkneifen – 18 **être prudent, e** faire attention – 20 **une blessure** Verletzung – 20 **à peine** kaum – 20 **il n'empêche que…** trotzdem … – 23 **permettre à qn de faire qc** jdm erlauben etw zu tun – 26 **une raison** Grund – 27 **valable** gültig

Le frisson désagréable est oublié lorsque je glisse la clé dans la serrure. Le téléphone sonne dans l'entrée. Je pose mon sac à dos et je décroche. À l'autre bout du fil, une voix d'homme marmonne quelque chose à propos des olives. Je n'écoute que d'une oreille en faisant des grimaces à mon reflet dans le miroir, entre les photos et les messages accrochés sur le **pêle-mêle**.

– Tu **transmettras** bien le message à ta mère, d'accord ?

– Oui oui, dis-je sans rien avoir **retenu** d'autre que le nom de Nicky.

Et je **raccroche**. Les olives, non seulement je m'en fiche, mais en plus elles ne m'**attirent** que **des ennuis**.

---

6 **un pêle-mêle** un tableau où on peut accrocher toutes sortes de petites choses – 7 **transmettre** weitergeben – 8 **retenir qc** se souvenir de qc – 10 **raccrocher** (den Hörer) auflegen – 11 **attirer des ennuis** *mpl* créer des problèmes

21

– Je suis extrêmement déçue par ton comportement, Bastien. Je te croyais responsable… Quand on est en âge d'avoir sa clé et de rentrer seul à l'appartement, on est aussi en âge de faire attention aux autres et d'aider ceux qui en ont besoin.

Maman est venue me trouver dans ma chambre dès qu'elle est rentrée, et elle ne m'a pas laissé le temps d'avancer mes excuses.

– Moi qui étais si fière que mon fils soit généreux… soupire-t-elle.

Il serait ridicule de parler de défendre Apollin. Tout le monde semble penser que Magda et Sorina sont les seules qui aient besoin d'être défendues.

– Bastien, tu es un garçon qui a beaucoup de chance, reprend maman. *Notre famille* a beaucoup de chance. Quand on a de la chance, il faut partager avec ceux qui en ont moins ; et pas seulement la timbale milanaise.

– Je partage ! je m'écrie. Ça fait trois semaines que je partage tout : mon salon, ma cuisine, ma salle de bains…

– *Notre* salon, *notre* cuisine, *notre* salle de bains… corrige maman.

– … Mon école, et même les poneys du parc Monceau ! Et aussi mes parents… Et maintenant, il faudrait en plus que je protège Magda et que je me fâche avec mes copains. C'est trop pour moi. Je ne suis pas un héros.

En disant ça, je repense au dernier anniversaire d'Apollin : il avait demandé à tous les convives de venir déguisés en super-héros. Le jour J, il y avait Batman, Spider-Man, Hulk, Superman, Michelangelo des Tortues Ninja et même l'horrible Chose des

---

1 **déçu, e** enttäuscht – 1 **un comportement** Verhalten – 7 **fier, fière** stolz – 25 **un convive** un invité

Quatre Fantastiques. Cette peste d'Émilie, la seule fille invitée, était en Catwoman et son masque la gênait pour les jeux d'adresse que la dame qui animait la fête avait organisés.

Apollin avait choisi Aquaman et son trident, mais aucune tenue n'arrivait au niveau de mon déguisement de Super Watchor, le surveillant de plage du dessin animé, qui creuse dans le sable comme un crabe pour observer toute la baie et nage à la manière d'un dauphin pour sauver les gens de la noyade. Mais je sais que maman n'apprécierait pas franchement que je lui parle de cet anniversaire costumé maintenant.

– Il ne s'agit pas d'être un héros, rétorque-t-elle, juste de se comporter en être humain. Imagine-toi un instant à la place de Magda, et deviens le garçon gentil et patient que tu aimerais qu'on soit avec toi si tu arrivais dans un pays dont tu ne comprends ni la langue ni les habitudes. Tu veux bien faire ça pour moi ?

– Je veux bien essayer, je réponds.

Pas parce que je le pense, mais parce que je ne peux rien répondre d'autre. Quand maman a ce regard-là, il faut faire ce qu'elle demande, c'est comme ça.

Elle me serre dans ses bras.

– Ce n'est pas vrai, d'ailleurs, que tu partages tes parents, ajoute-t-elle. Tu m'as vue faire des câlins comme ça à Magda ou à Sorina ?

Je repense tout à coup à cet homme au téléphone. Avec tout ça, j'ai oublié de prévenir maman qu'on avait appelé.

– Quel était le message ? demande maman en se détachant de moi dès que je le lui annonce.

Le câlin est déjà fini.

---

1 **une peste** *ici :* Hexe – 2 **gêner** déranger – 2 **un jeu d'adresse** Geschicklichkeitsspiel – 4 **un trident** Dreizack – 5 **une tenue** un vêtement – 6 **un surveillant** Aufsichtsperson – 6 **un dessin animé** Trickfilm – 6 **creuser** graben – 7 **une baie** Bucht – 8 **la noyade** Ertränken – 22 **faire un câlin** schmusen

– Comment s'appelait la personne à qui tu as parlé ? Pourquoi ne me l'as-tu pas dit plus tôt ?

Le visage de maman se tend. Elle est en colère. Moi, je ne parviens qu'à bafouiller :

– Je ne sais plus… Il m'a dit de te passer le message… Sans doute qu'il va rappeler.

– On ne peut vraiment pas compter sur toi, Bastien !

J'aurais mieux fait de me taire.

---

3 **se tendre** sich anspannen – 4 **bafouiller** parler de façon peu claire – 8 **se taire** ne pas parler

22

À la demande de maman, je descends à la boulangerie acheter des baguettes aux graines de sésame pour le dîner. Depuis l'incident à l'école, je fais tout ce que je peux pour prouver que je suis responsable. Maman a proposé à Magda de m'accompagner et, au dernier moment, Sorina a insisté pour venir aussi. Résultat, nous sommes trois pour rapporter deux baguettes.

Je paye, je récupère la monnaie dans la machine et je prends le pain. Ça doit paraître étrange aux olives d'entrer si souvent dans cette boulangerie après avoir passé des semaines assises devant. Alors que nous sortons, nous entendons quelqu'un crier à l'intérieur.

– Au voleur ! Au voleur !

Alertés par le bruit, deux policiers qui patrouillent un peu plus loin s'approchent.

– Que se passe-t-il, monsieur ? demande l'un d'eux à l'homme qui a crié, et qui est sorti à son tour.

– C'est elles ! s'écrie l'homme en désignant Magda et Sorina. Elles m'ont pris mon portefeuille ! Elles étaient dans la boutique en même temps que moi, elles en ont profité avec leurs petites mains et leurs doigts fins…

Magda me jette un regard désespéré en secouant la tête, et Sorina se blottit contre sa sœur. Moi, je me liquéfie sur place. Si une des olives a vraiment volé le portefeuille, c'est grave. Mais je suis certain que ce n'est pas le cas. Même si elles en avaient eu l'idée, je pense qu'elles n'en auraient pas eu le temps. Alors pourquoi cet homme les accuse-t-il ? Est-ce qu'il a des preuves ? Est-ce qu'il les a

---

12 **Au voleur !** Haltet den Dieb! – 17 **désigner** montrer – 21 **désespéré, e** verzweifelt – 22 **se liquéfier** *ici : fig* devenir liquide (schmelzen) – 26 **une preuve** Beweis

vues faire ? Ou c'est juste qu'il n'a personne d'autre à soupçonner ? Moi, je détesterais qu'on me traite de voleur.

Les policiers fixent Magda et Sorina, et ça me met soudain en colère :

– Pas du tout ! Elles ne peuvent pas avoir fait ça, ce ne sont pas des voleuses. Je les connais, elles habitent chez moi.

Maman va être fière de moi. En attendant, je suis déjà récompensé par le regard de Magda, qui me dit merci sans bruit. Ce n'est pas si compliqué, en fin de compte, de se mettre à la place des autres.

À cet instant, la boulangère sort en brandissant quelque chose :

– Monsieur ! Vous avez oublié votre portefeuille à côté de ma caisse…

J'adresse un sourire triomphant aux policiers. Le monsieur récupère son portefeuille et s'en va en grognant, sans même s'excuser d'avoir mis les olives en cause sans raison.

Le policier se penche de nouveau vers moi :

– Dis-moi mon garçon, tu as bien dit que ces deux filles habitaient chez toi ?

– Oui, dans ma famille nous ne sommes pas des héros mais nous essayons d'être de bonnes personnes et de faire le plus possible de bonnes actions. Elles vivaient sur le trottoir, maintenant elles occupent notre chambre d'amis.

– Bien, bien. Tu pourrais me donner ton nom, ainsi que ton adresse ?

---

1 **soupçonner** verdächtigen – 8 **récompensé, e** belohnt – 11 **brandir** montrer – 16 **mettre qn en cause** accuser qn

23

J'ai décidé de ne pas raconter tout de suite mon exploit à maman. C'est son anniversaire la semaine prochaine : je peux bien attendre quelques jours.

J'écris une poésie pour lui décrire les faits de manière spectaculaire : je fais rimer « soupçonne » avec « bonne personne », « boulangerie » avec « vérité rétablie », « généreux » avec « chanceux », « partager » avec « policiers », et je termine par : « Je ne suis pas un héros mais je sais bien agir quand il le faut. »

La dernière fois que j'ai rédigé une poésie, j'étais en CE1. Cette fois, c'est autre chose. Maman m'a souvent fait remarquer que j'avais abandonné cette habitude qu'elle appréciait de faire des vers pour son anniversaire, Noël ou la fête des mères. Elle ne va pas être déçue.

J'ai décidé autre chose : je vais continuer à être une bonne personne. Ce soir, avant le dîner, j'ai sorti du placard un puzzle que j'ai fini il y a des mois, un cinq cents pièces, je me suis dit que ça suffirait, et j'ai proposé aux olives et à ma sœur qu'on le fasse tous ensemble. Dans ma chambre. Sur mon territoire.

Le puzzle représente des fonds marins, le fond bleu est coloré de coraux étincelants et de poissons qui nagent dans tous les sens. De quoi nous faire oublier l'épisode de la boulangerie.

À nous quatre, on l'a terminé en un rien de temps.

---

1 **un exploit** une action héroïque – 4 **un fait** Fakt – 6 **rétablir la vérité** die Wahrheit zu ihrem Recht verhelfen – 19 **les fonds marins** Tiefsee – 20 **étincelant, e** brillant, e

24

Nous partons en Normandie rejoindre Mamilaine pour le week-end. Tous ensemble, olives comprises. Même leur maman, qui a semble-t-il terminé son travail. Ce soir, nous dormirons à l'hôtel. Capucine est folle de joie. Moi, je suis bien content de passer du temps avec Mamilaine. On est en mai, et je ne l'ai pas vue depuis le mois de mars.

Magda et Sorina, en revanche, ont l'air de se demander ce qui leur arrive. Forcément, la Normandie, elles ne connaissent pas. Depuis que nous sommes montés dans le train, elles ne tiennent pas en place. Et ce n'est pas ma sœur qui les aidera à se calmer.

– Arrêtez avec cette porte, toutes les trois ! s'agace maman.

Elles se sont levées et, à tour de rôle, elles pressent le bouton de façon à ce que la porte qui sépare les deux wagons ne se referme jamais complètement. Les voyageurs assis à proximité lèvent les yeux au ciel.

Mamilaine nous attend à la gare. Elle est venue dans sa petite voiture verte.

– Bonjour Magda, bonjour Sorina, bonjour Nicky, s'exclame-t-elle en prenant soin de bien articuler.

Elle prend les filles dans ses bras. C'est officiel : je partage désormais ma grand-mère, en plus du reste. Heureusement que c'est à moi que Mamilaine a fait un bisou en premier. Je respire un grand coup pour chasser l'agacement et la jalousie que je sens monter. Je suis certain que si les olives n'habitaient pas chez nous, ce week-end c'est à la maison que Mamilaine serait venue.

L'hôtel s'appelle le Grand Hôtel et donne directement sur la plage. Nous visitons nos chambres avant d'aller déjeuner. Les olives remarquent à peine la vue : elles restent bouche bée depuis

---

2 **compris, e** *ici :* inclus, e – 7 **en revanche** dagegen – 8 **forcément** naturellement – 11 **s'agacer** s'énerver – 12 **presser** *ici :* drücken – 12 **un bouton** Knopf – 12 **de façon à ce que** so dass – 14 **à proximité** *f* tout près – 28 **bouche bée** mit offenem Mund

qu'elles sont entrées. Elles vont du mini-bar au coffre-fort, essayent les chaussons qui ont été préparés dans la salle de bains, touchent tout ce qui a été posé sur le plateau de bienvenue…

J'aime bien les couleurs vives des petits fauteuils en velours, et puis c'est sympa de voir la mer depuis chez soi, ça change de l'Arc de triomphe. Par contre, ils n'avaient pas besoin d'accrocher d'aussi lourds rideaux de part et d'autre des fenêtres ; je trouve que ça gâche un peu l'ensemble.

Certes, c'est joli, mais je vais être obligé de dormir dans la même chambre que Capucine et Mamilaine, et carrément dans le même lit que ma sœur ! Elle n'a pas intérêt à prendre toute la couette. Heureusement que le matelas est très grand.

– Capucine, stop ! C'est un lit, pas un trampoline.

Mamilaine est obligée de la rappeler à l'ordre. On dirait que les olives ont déteint sur ma sœur : elle fait des choses qu'elle ne se serait jamais permises il y a quelques semaines encore.

Les olives sont installées dans la pièce voisine, qui communique. Leur lit est aussi large que le nôtre. Ça va les changer de la chauffeuse qu'elles se partagent à l'appartement ! Est-ce qu'elles vont dormir collées l'une à l'autre quand même ? En tout cas, on devra passer à la salle de bains à tour de rôle : il n'y en a qu'une seule pour nous six. Papa et maman, eux, ont une chambre un peu plus loin dans le couloir. Et Capucine est en train d'installer avec beaucoup d'attention Olé entre les trois oreillers du côté du lit qu'elle a choisi sans même me demander mon avis.

J'ai hâte de rentrer à la maison.

Je m'approche de la table basse et à mon tour je détaille le contenu du plateau de bienvenue. Je crois que je vais demander à Mamilaine de me préparer une petite tasse de thé.

---

1 **un coffre-fort** Safe – 4 **vif, vive** *ici :* kräftig, leuchtend – 7 **un rideau** Vorhang – 7 **de part et d'autre** de chaque côté – 8 **gâcher** qc *ici :* ne pas aller avec qc – 9 **certes** zwar – 12 **une couette** Bettdecke – 15 **déteindre sur qn** influencer qn – 16 **permettre** erlauben – 17 **communiquer avec qc** *ici :* mit etw verbunden sein – 24 **un oreiller** Kopfkissen

25

Il est presque quatre heures quand nous étalons les draps de bain sur la plage. La mer étincelle sous le soleil. Des enfants s'amusent dans les flots avec une bouée en forme de flamant rose. Mamilaine nous tartine de crème solaire tous les quatre. J'aurais peut-être dû la prévenir qu'avant d'arriver chez nous, Sorina et Magda ne s'étaient pas lavées pendant longtemps.

Papa enfile des flotteurs aux bras des filles. Moi, ça fait longtemps que je sais nager.

– Après le bain, vous pourrez manger une glace, annonce-t-il.

Je n'avais pas besoin de motivation supplémentaire mais la perspective d'une glace est toujours une bonne nouvelle. Je me précipite vers les vagues. Capucine me suit sans parvenir à me rattraper. Je me jette à l'eau. Ma sœur me rejoint en m'éclaboussant.

Nous n'avons pas attendu les olives. Elles s'approchent, entourées de leur maman et de Mamilaine. Papa et maman sont restés aux serviettes. Papa n'a pas mis de maillot car il ne se baigne jamais dans la mer : il n'aime pas se tremper s'il ne voit pas ses pieds. Peut-être a-t-il peur de marcher sur une crevette, un crabe ou un bigorneau. Du coup, il ne nage qu'à la piscine.

Tandis que Mamilaine entreprend de faire quelques longueurs, Magda et Sorina essayent de s'approcher de Capucine et moi. Mais elles se mettent à pousser des cris quand les premières vagues leur chatouillent les mollets. Elles ne se sont jamais baignées dans la mer ou quoi ? Ou alors elles ont peur, comme papa ?

– C'est la première fois qu'elles se baignent dans la mer, déclare Mamilaine, qui a visiblement le pouvoir de lire dans mes pensées.

---

2 **étinceler** briller – 3 **les flots** *mpl* la mer – 3 **une bouée** Schwimmreifen – 3 **un flamant rose** Flamingo – 4 **tartiner** *ici :* eincremen – 7 **des flotteurs** *mpl ici :* Schwimmflügel – 12 **se précipiter** marcher vite – 13 **éclabousser** bespritzen – 16 **un maillot (de bain)** Badehose – 16 **se baigner** baden – 19 **un bigorneau** Strandschnecke – 20 **faire des longueurs** Bahnen schwimmern – 23 **chatouiller** kitzeln – 23 **un mollet** Wade

Mamilaine semble savoir tout un tas de choses que j'ignore à propos des olives. Alors qu'elle ne les a rencontrées que ce matin.

– Tu sais, même en France, tous les enfants ne connaissent pas la mer, poursuit-elle tout en continuant ses mouvements de brasse près de nous.

– Elle est pourtant presque partout autour ! dis-je en visualisant la carte du pays affichée au mur de ma classe. Il suffit d'y aller en week-end ou pendant les vacances.

– Je crois qu'un enfant français sur trois ne part pas en vacances, chaton.

Je ne connais personne qui ne parte pas en vacances. Nous, on va généralement à la neige l'hiver et à la mer l'été. Parfois aussi on fait le contraire : il nous est déjà arrivé d'aller à la mer en plein hiver (et de plonger avec un masque et un tuba !) et de skier en plein été (sur un glacier, en Suisse, quand j'avais sept ans : trop génial). Et si jamais on ne voyage pas, je participe toujours à un camp de sport ou à un stage, comme celui d'artisanat.

D'après Mamilaine, les olives se sont baignées une fois dans un lac, assez loin de chez elles. Dans leur pays il y a la mer mais moins de plages qu'en France, et celles-ci sont encore plus loin de leur maison que le lac.

– Cette mer s'appelle la mer Noire, précise Mamilaine avant de faire demi-tour.

Logique, puisque c'est la mer des olives, pensé-je sans oser le dire.

– Chez nous, elle est bleue ! s'écrie Capucine.

Les filles ont fini par se montrer courageuses et avancer jusqu'à nous. Finalement, elles ont l'air d'apprécier. Magda semble particulièrement intriguée par ce flamant rose gonflable qui flotte

---

1 **ignorer** ne pas savoir – 4 **la brasse** Brustschwimmen – 14 **un tuba** *ici :* Schnorchel – 15 **un glacier** Gletscher – 24 **oser** wagen – 29 **intrigué, e** rendu, e curieux, -euse

à quelques mètres de nous. Soudain, Sorina tire la langue et, avant que Nicky ou Mamilaine aient pu dire quoi que ce soit, elle lape l'eau de mer comme un chat le ferait avec une soucoupe de lait. Presque aussitôt, Sorina se met à tousser. On dirait qu'elle va vomir !

– L'eau est salée, rappelle Mamilaine tandis que la maman olive tapote dans le dos de sa fille.

C'est un rappel pour nous, mais pour Sorina c'est plutôt une information. Qu'elle entend pour la toute première fois.

2 **laper** schlürfen – 4 **tousser** husten – 5 **vomir** sich übergeben

26

Après la baignade et les glaces (une boule fraise et une boule caramel dans un cornet gaufrette pour moi), nous ramassons des coquillages. J'en trouve trois presque identiques, qui se terminent chacun par une spirale parfaite. Je pourrais peut-être démarrer une collection.

Je me souviens du dimanche où nous sommes allés au parc Monceau, juste après l'arrivée des olives. J'avais réussi à voir différemment ce lieu que je connais par cœur. Et la mer, quand on la découvre pour la première fois, ça fait quoi ? J'essaie d'imaginer. Ce n'est pas simple : la mer, ça ne ressemble à rien d'autre. Est-ce que j'oserais me baigner ? Est-ce que j'aurais envie de la goûter ? Je n'en ai aucune idée. Ma première fois à moi, je ne m'en souviens pas.

Mamilaine montre aux olives comment entendre la mer en plaçant un gros coquillage contre son oreille. Madga et Sorina sont tellement stupéfaites qu'elles vérifient que ça fonctionne avec tous les coquillages assez gros pour couvrir leurs oreilles.

Elles, par contre, n'envisagent visiblement pas de démarrer une collection. Elles reposent les coquillages aussitôt après les avoir « essayés ». Quand papa leur propose d'en choisir un joli pour le rapporter, elles obéissent ; mais toutes seules, elles n'y avaient même pas pensé.

---

2 **un cornet gaufrette** Waffeltüte – 3 **un coquillage** Muschel – 16 **stupéfait, e** surpris, e – 18 **envisager** in Betracht ziehen

27

Le moment est venu de retourner à l'hôtel. Maman a décrété un temps calme avant l'heure du dîner. Sur la digue, nous apercevons un homme qui forme des bulles de savon gigantesques. Nous nous arrêtons pour le regarder faire. Lorsque la première bulle s'envole, Sorina lui court après pour l'attraper. La bulle s'accroche à un lampadaire et éclate.

– Elle va pleurer, affirme Capucine en observant Sorina.

Mais Sorina ne pleure pas, et l'homme est déjà en train de souffler une nouvelle bulle. Capucine la rejoint en riant :

– Si tu veux, on pourra en faire des petites quand on sera chez nous. J'ai un flacon spécial avec du produit vaisselle.

L'année dernière, ma sœur a pleuré pendant plusieurs jours parce que son ballon, un rose avec deux petites pointes façon oreilles de cochon qu'une commerçante lui avait donné, s'était envolé haut dans le ciel et n'était jamais redescendu.

Sorina et elle n'ont qu'un an d'écart. Ce n'est pas parce que ma sœur fait du judo tous les vendredis que ça ne peut pas être Sorina la plus forte.

---

2 **une digue** Deich – 3 **une bulle de savon** Seifenblase – 6 **un lampadaire** *ici :* Straßenlaterne – 16 **un écart** Abstand

28

Pour le temps calme, Capucine a sorti sa pâte à modeler. Chacun est installé sur son lit, Mamilaine avec nous et les olives dans l'autre partie de la double chambre.

– Tu peux me faire un flamant ? demande Capucine en me tendant le pot de pâte rose.

Je réfléchis. Pas facile à sculpter sans modèle, un flamant rose. Je préférerais lire le livre sur les animaux des alpages que j'ai apporté. Je choisis d'essayer quand même de former l'oiseau pour que ma sœur me laisse tranquille. Je me concentre sur le souvenir de la baignade.

– Génial ! C'est une bouée flamant, que tu as fabriquée ! Merci.

La pâte à modeler de Capucine me laisse une sensation collante sur les doigts. Je me rends à la salle de bains pour me laver les mains.

Tiens, la lumière est allumée. Quelqu'un a fait couler un bain et l'a rempli de mousse. C'est idiot de ne pas en profiter, l'eau va refroidir ! Je m'approche pour essayer de comprendre pourquoi il y a comme un trou dans le nuage de mousse à une extrémité de la baignoire, quand soudain… Aaah ! Un visage sort de l'eau. Un visage avec des yeux d'un bleu aussi clair que le ciel de cet après-midi, encadré par de courts cheveux noir corbeau, trempés évidemment.

– Tu fais ? me demande Madga.

Seul son visage dépasse du nuage de mousse. D'un côté et de l'autre, ses cheveux luisants dégoulinent comme si les gouttes étaient attirées vers le fond de la baignoire par un aimant invisible.

---

1 **la pâte à modeler** Knetmasse – 7 **un alpage** Alm – 12 **collant, e** klebrig – 25 **luisant, e** brillant, e – 25 **dégouliner** tropfen – 26 un **aimant** Magnet

– Qu'est-ce que tu fais ? demande à son tour Mamilaine, que mon cri a attirée. Sors d'ici tout de suite.

Elle se tient dans l'encadrement de la porte de la salle de bains, Nicky, Sorina et Capucine sur ses talons.

– Je voulais juste me laver les mains, je ne savais pas qu'il y avait quelqu'un, je dis pour ma défense.

Mamilaine me fait signe de déguerpir sans rien ajouter.

J'obéis, puis je quitte la pièce après avoir murmuré un : « Désolé, Magda. »

J'aimerais quand même bien savoir à quoi elle pense, quand elle est sous l'eau. Est-ce qu'elle imagine des sauvetages, comme moi dans mon bain ? Elle ne doit pas connaître Super Watchor. Et puis il n'y a aucun jouet près de cette baignoire, juste quelques produits de douche et un rideau de bain qui ressemble aux immenses rideaux de la chambre, sauf qu'il est beige et en plastique. Je n'ai même pas eu le temps de voir si le bain se reflétait sur le plafond.

Quand on a passé trois mois de sa vie à se laver à l'eau froide au robinet du square, est-ce que la peau réagit de la même façon ? Est-ce que celle des doigts commence à se flétrir ? Si c'est le cas Magda ferait mieux de sortir. Il y en a d'autres qui aimeraient bien prendre un bain.

---

7 **déguerpir** partir – 11 **un sauvetage** le fait de *sauver* qn (retten) – 13 **un jouet** Spielzeug – 19 **se flétrir** welk werden

29

Aujourd'hui c'est dimanche, et une fois de plus il fait beau. Alors nous allons découvrir la Normandie « côté campagne », comme le répète Mamilaine au petit déjeuner.

Après avoir rangé nos affaires et vérifié qu'on n'oubliait rien dans la chambre, nous montons, Magda et moi, dans la voiture de Mamilaine avec maman. Papa, Nicky, Capucine et Sorina grimpent dans un taxi noir. Nous roulons jusqu'à la cour d'une grande ferme. Des poutres en bois sont visibles sur les façades des bâtiments. Je devine qu'il y a des chevaux. Gagné ! J'aperçois des box.

Dans l'un d'eux, une jeune femme s'occupe de son cheval. Les olives paraissent moins émerveillées qu'avec les poneys. Elles le caressent et lui parlent dans leur langue sans la moindre timidité ; même Capucine n'ose pas en faire autant.

– Chez elles, il y a certainement beaucoup de chevaux, me dit papa.

Bof. Je préfère aller voir plus loin.

Derrière les box des chevaux, nous découvrons des enclos avec des poules, des chèvres, des moutons. Nous nous approchons des chèvres. Les enclos s'ouvrent facilement, le système permet aux visiteurs d'entrer sans que les animaux ne s'échappent.

– Qui veut aller caresser les chèvres ? lance papa.

– Moi ! s'écrie Capucine.

– Oui, dit Magda presque en même temps.

Sorina, elle, ne répond rien et se précipite à l'entrée de l'enclos. Nous suivons le mouvement, et en un rien de temps nous voici tous

---

8 **une ferme** Bauernhof – 8 **une poutre** Balken – 12 **émerveillé, e** extasié, e – 13 **caresser** streicheln – 18 **un enclos** eingezäunte Weide – 19 **une poule** Henne – 19 **une chèvre** Ziege – 19 **un mouton** Schaf

les huit de l'autre côté de la barrière. Certaines chèvres détalent le plus loin possible de nous, quelques autres, au contraire, viennent nous renifler les chaussures. L'une d'elles, au pelage noir et blanc, tend le cou vers Magda. Qu'espère-t-elle ? De la nourriture, ou juste une caresse ? Nous n'avons rien à leur donner à manger. Sans compter que c'est certainement interdit, comme avec les poneys du parc Monceau.

Sans que je comprenne exactement comment, deux chèvres se mettent à tourner autour de Magda et Sorina. On dirait qu'elles dansent toutes les quatre. Capucine entre dans la ronde. Maman et Mamilaine applaudissent. Papa les prend en photo avec son téléphone portable. Et moi ? Tout le monde semble avoir oublié ma présence. Et les chèvres, franchement, ça ne m'intéresse pas trop. Il y en a de plus belles dans mon livre sur les animaux des alpages.

À présent, Sorina et Magda montrent à Capucine comment demander à une chèvre de lever la patte. Et Mamilaine frotte le dos de Sorina comme elle a l'habitude de le faire avec Capucine ou moi quand elle trouve qu'on a fait quelque chose de bien.

Cette fois, c'en est trop. Je repère un banc de pierre, contre le mur d'un bâtiment, et je vais m'y asseoir. Personne ne s'apercevra de mon absence, puisqu'il n'y en a que pour les olives.

Au bout de plusieurs longues minutes, Mamilaine finit par remarquer que je me suis isolé. Elle s'approche :

– Eh bien mon bouchon, tu boudes ? me demandet-elle en s'asseyant à côté de moi.

Je ne déteste pas qu'elle m'appelle « bouchon ». À chaque fois, je m'imagine perché sur une bouteille de champagne puis

---

3 **renifler** schnüffeln – 3 **un pelage** Fell – 8 **je comprenne** *subjonctif de* comprendre – 17 **une patte** *chez l'animal* Bein – 17 **frotter** reiben – 20 **repérer** voir – 25 **bouder** schmollen

propulsé dans les airs à une vitesse vertigineuse, au son d'un *pop !* retentissant.

– Je ne boude pas, je te laisse juste profiter de tes nouvelles chéries.

Mamilaine fronce les sourcils et rentre son menton dans son cou, ce qui fait apparaître une foule de plis supplémentaires.

– Qu'est-ce que tu racontes là ?

– Eh bien oui. Depuis hier tu n'arrêtes pas de trouver que tout ce qu'elles font est génial et incroyable. Ça se voit, que tu les adores. Et Sorina a l'air de trouver que tu es la mamie parfaite.

– Et toi ? Tu ne trouves plus que je suis la mamie parfaite, c'est ça ? Uniquement parce que je m'intéresse à d'autres enfants que ta sœur et toi ?

Je hausse les épaules sans rien répondre. Nous sommes dans une ferme. Est-ce qu'elle ressemblait à celle-là, celle du fermier qui a caché le papa de Mamilaine, mon arrière-grand-père, pendant la guerre ? Où est-ce qu'elle se trouvait ? En Normandie ou ailleurs ? Est-ce qu'elle existe toujours ? Je préfère poser à Mamilaine une tout autre question :

– Est-ce que tu les aimes plus que moi ? Enfin, plus que Capucine et moi ?

– Je les connais à peine, chaton. Alors que toi, tu es mon Bastien depuis le jour de ta naissance ! Ce n'est absolument pas comparable. En revanche, je sais que la situation est difficile pour elles. Elles sont avec leur maman mais ça fait longtemps qu'elles n'ont vu personne d'autre de leur famille. Alors une grand-mère, même si c'est celle d'autres enfants, ça ne peut pas faire de mal… Ton papa leur a acheté une glace hier. Il y a aussi eu le restaurant, les œufs du petit déjeuner, et même une gaufre un jour, d'après ce

---

1 **propulsé, e** geschleudert – 1 **vertigineux, -euse** qui fait tourner la tête – 2 **retentissant, e** qui fait un bruit fort – 6 **un pli** Falte

que tu m'as raconté. Moi, je leur donne quelque chose qui ne se mange pas.

– Mais on dirait vraiment que tu les préfères…

– Si je les préférais, tu crois que je me serais encombrée de mes horribles petits-enfants ? Non, je serais venue chercher les deux sœurs avec ma voiture et je les aurais emmenées au restaurant.

Je me réfugie dans les bras de ma mamie.

4 **s'encombrer de qc** sich mit etw belasten – 7 **se réfugier** chercher *refuge* (Zuflucht)

30

Apollin et moi, on ne s'est pas beaucoup parlé depuis l'autre jour. Pour tourner la page de cet épisode, je vais le trouver dès que j'ai posé un pied dans la cour de l'école.

– Comment s'est passé ton week-end ?

Il me raconte qu'il a fait du mini-circuit avec un casque, des gants et des lunettes, comme un vrai pilote. Malgré la vitesse, il n'a même pas eu peur. Ça devait être hyper bien.

– Et toi ?

Je fais le compte rendu précis de ces deux jours en Normandie, en n'oubliant aucun détail du Grand Hôtel, de la baignade et de la glace. Je parle de maman, de papa, de Capucine et de Mamilaine. Tout y est sauf les olives. Ce n'est pas un vrai mensonge. Je me contente de ne pas préciser qu'elles étaient là. Hélas, j'ai sous-estimé mon copain :

– Et ta copine rom, elle était avec vous ? me demande-t-il pas du tout innocemment une fois mon récit terminé.

– Ça va pas la tête ?

Cette fois, je mens pour de bon.

– De toute façon, c'est pas ma copine.

---

5 **un circuit** Rennstrecke – 17 **Ça va pas la tête ?** *fam* Bist du verrückt? – 18 **mentir** → un mensonge – 18 **pour de bon** wirklich

31

Papa et maman sont dans la cuisine à peine éclairée. Ils n'ont allumé que la hotte au-dessus des plaques de cuisson et ils parlent à voix basse. Je sors du bain spécial match de rugby. Mes pieds nus me permettent d'avancer sans bruit. Je me cache dans l'ombre pour les écouter.

Il est question de la police et d'une convocation au commissariat.

Maman dit que c'est catastrophique. Papa prend ses mains dans les siennes. Maman ne pleure pas.

Je crois comprendre que c'est elle qui est convoquée. Non, finalement on dirait que cela concerne papa.

– Nous allons faire face à nos responsabilités, déclare-t-il.

Il parle de l'heure de la convocation. Demain. Le jour de l'anniversaire de maman. J'ai bien l'impression qu'ils sont convoqués tous les deux.

Le week-end en Normandie est oublié depuis longtemps. En réalité, c'est exactement comme s'il n'y avait jamais eu de week-end.

Je suis catastrophé. Maman a raison, c'est catastrophique. Je pense à mon poème. Il ne sert à rien, à présent, de lui faire savoir que je me suis comporté en héros.

---

1 **à peine éclairé, e** où il y a peu de lumière – 2 **une °hotte** *ici :* Abzugshaube – 2 **une plaque de cuisson** Kochfeld – 6 **une convocation** Vorladung – 18 **catastrophé, e** bestürzt

32

Papa et maman n'ont jamais cambriolé d'appartement.

Papa et maman n'ont jamais volé de voiture.

Papa et maman n'ont jamais braqué de banque.

Papa et maman n'ont jamais cassé de vitrine de magasin.

Papa et maman n'ont jamais provoqué d'accident de la route.

Papa et maman n'ont jamais brutalisé de chien.

Papa et maman n'ont jamais mis la musique à plein volume pendant la nuit.

Papa et maman n'ont jamais renversé de piéton.

Papa et maman n'ont jamais jeté d'eau bouillante sur la tête des passants depuis le balcon.

Papa et maman n'ont jamais fait de mal à qui que ce soit.

Papa et maman n'ont jamais placé de piège pour capturer des animaux rares en forêt.

Papa et maman n'ont jamais mis les déchets dans la mauvaise poubelle.

Papa et maman n'ont jamais roulé à fond sur l'autoroute.

Papa et maman n'ont jamais détourné d'avion.

Ils n'ont pas non plus oublié de payer le Grand Hôtel. Et ils avaient acheté des billets pour le train, c'est moi qui les ai compostés à la machine, au bout du quai.

J'ai beau chercher et chercher encore, j'arrive toujours à la même conclusion : papa et maman n'ont jamais rien fait de mal. Au contraire, ils ont décidé d'aider toute une famille olive. Alors pourquoi sont-ils convoqués au commissariat de police ?

---

1 **cambrioler qc** in etw einbrechen – 3 **braquer** *ici :* überfallen – 9 **renverser qn** jdn umfahren – 9 **un piéton** Fußgänger (→ le pied) – 10 **bouillant, e** kochend – 13 **un piège** Falle – 13 **capturer** attraper – 17 **à fond** très vite – 17 **une autoroute** Autobahn – 18 **détourner un avion** l'obliger à changer sa route (entführen) – 21 **composter** entwerten – 22 **avoir beau faire qc** même si on fait qc

33

J'ai dû me tromper. J'ai dû malentendre, mal comprendre. Ce matin, rien ne semble anormal. Nous nous préparons pour l'école exactement comme les autres jours.

Si, une chose est différente : la tête de maman. On dirait qu'elle n'a pas dormi depuis une semaine tellement son visage paraît fatigué. Hier soir, j'ai eu du mal à trouver le sommeil, et je l'ai entendue faire des allers et retours entre sa chambre et la cuisine.

Maman nous embrasse en nous souhaitant une bonne journée. Nous partons tous les quatre avec papa et la maman des olives, qui doit retourner à l'association. Avant d'enfiler ses chaussures, Sorina a glissé dans sa poche le coquillage rond qu'elle a ramassé samedi sur la plage de Normandie.

Maman a à peine souri quand Capucine et moi lui avons chanté sa chanson d'anniversaire. Je me demande si elle appréciera mon cadeau.

Pendant la récréation du matin, la directrice appelle Magda. Puis celle-ci rentre dans la classe et ressort deux minutes plus tard avec ses affaires. La directrice l'emmène dans le bâtiment où se trouve son bureau. Au même moment, une autre maîtresse traverse la cour en compagnie de Sorina. Elles entrent elles aussi dans le bâtiment du bureau de la directrice.

Au déjeuner, je fouille discrètement la cantine du regard. J'aperçois ma sœur qui mange avec les plus petits. Sorina n'est pas assise à côté d'elle comme les autres jours. Pas trace de Magda non plus à la cantine.

---

6 **trouver le sommeil** réussir à dormir – 22 **fouiller du regard** chercher en regardant partout

Personne n'a l'air d'avoir remarqué ces absences. Ni les maîtresses et les maîtres, ni les enfants de la classe des filles. Je demanderais bien à Samir s'il sait quelque chose mais j'ai peur d'être ridicule. Et à tous les coups, Samir me répondrait en italien.

Je m'inquiète certainement pour rien.

D'ailleurs, je ne m'inquiète pas vraiment.

34

Ce soir, c'est papa qui nous attend à la sortie. Il nous explique que maman se repose à l'appartement.

– Elle est malade ? demande Capucine.

– Non non, juste un peu fatiguée, répond papa. Allez, en route pour la boulangerie !

– Mais Sorina et Magda ? s'exclame ma sœur. On ne les attend pas ?

Papa se racle la gorge avant de répondre :

– Je dois vous dire quelque chose. Sorina et Magda ont déménagé aujourd'hui avec leur maman. À partir de ce soir, elles dormiront à l'hôtel.

– Au Grand Hôtel de Normandie ? demande Capucine, qui une fois de plus ne comprend rien.

– Non, plus près d'ici, répond papa. Un hôtel à Paris.

– Dans l'hôtel où travaillait la maman ? je demande à mon tour.

– Euh… non. Je ne pense pas. Un autre hôtel. Il y en a énormément dans la capitale, tu sais !

– Mais pourquoi on ne les attend pas ? insiste ma sœur.

– Elles sont déjà à leur hôtel, elles ont quitté l'école ce matin pour y aller.

– Pourquoi ? Si l'hôtel est à Paris, pas besoin de partir si tôt !

Papa lâche un gros soupir.

– Elles ne fréquenteront plus votre école pour le moment.

– Elles iront dans une autre école ? interroge Capucine.

– Je ne crois pas. Je ne sais pas, à vrai dire. Elles vont poursuivre leur vie sans nous, c'est tout ce que je peux vous dire. Elles retourneront forcément à l'école à un moment donné, toutes les petites filles doivent aller à l'école en principe.

---

8 **se racler la gorge** sich räuspern

– Sorina et Magda n'allaient pas à l'école quand elles habitaient sur le trottoir, fait remarquer ma sœur.

– C'est vrai. Mais j'espère qu'elles y retourneront à l'avenir.

Capucine paraît préoccupée.

– Pourquoi elles n'ont pas dit au revoir ? C'est malpoli.

– Je pense qu'elles n'en ont pas eu le temps, tout ça s'est décidé très vite. Mais elles pensent à nous, tu peux en être certaine.

Je suis soulagé de savoir que les olives ont libéré la chambre d'amis, qu'elles n'utiliseront plus la baignoire de notre salle de bains et ne partageront plus nos repas dans la cuisine. Et je n'aurai plus besoin de mentir à Apollin. C'est sûr, c'est une bonne chose. Pourtant, d'habitude quand je suis soulagé je ne ressens pas ce pincement au cœur qui me gêne depuis que papa a annoncé que Magda, Sorina et leur maman étaient parties.

Il règne un calme inhabituel dans l'appartement. Maman est étendue sur le canapé du salon, un masque d'avion sur ses yeux. En nous entendant entrer, elle se redresse lentement.

– Ah, mes chéris ! dit-elle sans enlever son masque.

– Sorina et Magda ont déménagé avec leur maman ! l'informe ma sœur.

– Je sais, répond maman, toujours masquée. Mais je vais te demander une chose, Capucine : j'aimerais qu'on ne parle plus trop d'elles pour l'instant. C'est valable pour toi aussi, Bastien. D'accord ? On va dire que ce sera mon cadeau d'anniversaire.

Je n'ai pas bien compris ce que maman considère comme un cadeau : que les olives soient parties ou qu'on n'en parle plus ? Ce qui est clair, c'est que je ne vais pas pouvoir lui donner mon poème tout à l'heure.

Je file dans ma chambre en écrire un nouveau en vitesse. Au passage, je jette un œil dans la chambre d'amis : le bol en plastique jaune des olives est resté sur la table de chevet, abandonné.

---

4 **préoccupé, e** besorgt – 8 **soulagé, e** erleichtert – 13 **un pincement au cœur** Stich im Herzen – 16 **être étendu, e** être couché, e – 17 **se redresser** se relever, s'asseoir

35

Maman a fini par enlever son masque. Elle s'est levée pour aller dans sa chambre. Elle a refermé la porte, ce qui signifie qu'on ne doit pas la déranger.

Je fais mes devoirs dans la mienne. J'entends soudain une sonnerie que je connais bien de l'autre côté du mur : maman est en train de téléphoner avec le haut-parleur. Je sors de ma chambre à pas de loup. La serrure de la porte voisine n'a pas de clé. En collant mon œil contre le trou, je distingue maman allongée sur son lit. Elle a allumé la petite lampe de sa table de chevet et replacé son masque de sommeil sur ses yeux. Je mets mon oreille à la place de mon œil et je plaque ma joue contre le bois pour écouter. Je reconnais la voix de Carole, une amie de maman qui est déjà venue chez nous avec son mari et leur fils Célestin. Maman lui raconte qu'elle et papa ont été convoqués au commissariat.

– On nous reproche d'héberger une famille en situation irrégulière, dit maman. Ils nous ont dit que nous étions passibles du tribunal correctionnel pour aide au séjour irrégulier. Tu imagines ! On fait preuve de générosité et on veut nous condamner pour ça…

– C'était une garde à vue ?

– Non, mais un sacré interrogatoire tout de même ! Ils nous ont demandé si on faisait travailler la mère, tu peux croire ça ? Ils nous soupçonnaient d'exploiter la misère de cette pauvre

---

6 **un °haut-parleur** Lautsprecher – 6 **à pas de loup** très discrètement, sans se faire entendre (**un loup** Wolf) – 7 **une serrure** Schloss – 8 **distinguer** voir – 9 **une table de chevet** Nachttisch – 15 **reprocher qc à qn** jdm etw vorwerfen – 15 **(un,e étranger/ -ère) en situation irrégulière** ohne Aufenthaltserlaubnis (**irrégulier, -ère** *ici :* illégal) – 16 **être passible de qc** mit etw. bestraft werden – 17 **le tribunal correctionnel** Strafgericht – 18 **condamner qn** jdn verurteilen – 20 **une garde à vue** Polizeigewahrsam – 21 **un interrogatoire** Vernehmung – 23 **soupçonner** verdächtigen – 23 **exploiter** ausbeuten – 23 **la misère** la pauvreté

femme… Heureusement que j'ai refusé qu'elle fasse le ménage pour me remercier…

– Comment ça s'est fini ?

– François avait demandé à son ami Jean-Guy de nous accompagner, il est avocat. Le délit d'aide au séjour irrégulier, ce qu'on appelle le « délit de solidarité », ne s'applique plus aux actions humanitaires et désintéressées, c'est pour ça qu'ils auraient aimé nous faire dire qu'on avait mis Nicky à notre service…

– Donc vous n'aurez pas d'ennuis ?

– Non. Comme nous avons aidé sans contrepartie, nous échappons au « délit de solidarité ».

– Ma pauvre Marie-Hélène… Et la famille, alors ?

– Elle est soumise à une OQTF.

– Une quoi ?

– Une obligation de quitter le territoire français. Elles sont en situation irrégulière, étant donné que Nicky ne travaille pas. Enfin, ne travaille plus, elle a arrêté de faire les chambres à l'hôtel puisque la patronne voulait la garder au black, sans lui fournir d'attestation… Ils sont venus chercher Nicky ici et les petites à l'école. Ça me rend malade… Elles ont toutes les trois été conduites dans un hôtel. Elles sont assignées à résidence en attendant leur expulsion.

– Leur hôtel est une prison, en quelque sorte…

– Oui. En plus confortable… enfin j'espère.

---

5 **un avocat** Rechtsanwalt – 6 **s'appliquer** *ici :* gelten – 7 **désintéressé, e** uneigennützig – 9 **un ennui** un problème – 10 **une contrepartie** quelque chose en échange – 13 **être soumis, e à qc** *jur* etw unterliegen – 18 **fournir** donner – 19 **une attestation** Bescheinigung – 21 **assigné, e à résidence** *f* unter Hausarrest gestellt – 22 **une expulsion** Abschiebung

36

Je retourne dans ma chambre sur la pointe des pieds, la tête pleine de mots qui résonnent.

D'abord, « Obligation de quitter le territoire français » et « expulsion ». Ces mots-là, je sais parfaitement ce qu'ils veulent dire. Et ils augmentent fortement le pincement au cœur qui ne m'a pas quitté depuis qu'on est rentrés de l'école.

Ensuite, « délit de solidarité ».

Cette fois, j'ai un doute. La solidarité, pour moi, c'est le fait de partager, de s'entraider. Mais je me trompe certainement de signification, on ne peut pas être convoqué au commissariat de police parce qu'on a fait preuve de solidarité si ça veut dire qu'on s'est simplement montré généreux et qu'on a aidé quelqu'un.

J'attrape mon dictionnaire, en bas de ma bibliothèque, sur l'étagère des gros livres, et je l'ouvre à la fin des S, tout en pensant que mon poème ne fera jamais le poids après ce qui s'est passé.

Solidarité : (d'après le Larousse)

> Rapport existant entre des personnes qui, ayant une communauté d'intérêts, sont liées les unes aux autres. *Il existe une solidarité entre les membres de cette profession.*
>
> Sentiment d'un devoir moral envers les autres membres d'un groupe, fondé sur l'identité de situation, d'intérêts. *Agir par solidarité.*
>
> « Ah ! Insensé, qui crois que je ne suis pas toi ! » (Victor Hugo, *Les Contemplations*, préface)
>
> « Chacun est seul responsable de tous. » (Antoine de Saint-Exupéry, *Pilote de guerre*, Gallimard)

Je relis deux fois la définition sans comprendre. Je connaissais bien le sens du mot. Comment la solidarité pourrait-elle être un délit ?

---

2 **résonner** *ici :* se répéter dans la tête – 5 **augmenter** rendre plus fort – 8 **un doute** Zweifel – 15 **faire le poids** *expr* être assez, suffire – 17 **un rapport** une relation – 18 **une communauté** *ici :* Gemeinsamkeit, Übereinstimmung – 18 **être lié, e** verbunden sein – 20 **fondé, e** basé, e – 22 **un,e insensé,e** Verrückte/r

37

J'ai mal dormi. Dans mon rêve cette nuit, j'étais sur une grande et belle plage, dans le même genre que celle du week-end dernier. Dans la mer devant moi se baignaient quelques personnes, entourant un gros flamant rose gonflable. Sur le sable, perchés sur leur chaise, deux surveillants ressemblant à Super Watchor discutaient en regardant au loin. Tout à coup, les baigneurs s'affolaient. Ils essayaientde s'agripper au flamant rose sans y parvenir. Ils criaient comme s'ils étaient sur le point de se noyer. J'ai essayé d'aller à leur secours, mais impossible d'avancer : je m'étais enfoncé, j'avais du sable jusqu'aux cuisses, je ne pouvais pas faire un pas. Je me suis tourné vers les surveillants mais ils n'avaient rien remarqué, ils continuaient à bavarder comme si de rien n'était, j'ai voulu crier à mon tour pour les avertir mais aucun son ne sortait de ma bouche. J'ai alors découvert qu'un mât se trouvait planté juste derrière moi. Tout en haut flottait un drapeau rouge. Je ne pouvais toujours pas avancer mais en tendant le bras je suis parvenu à attraper le mât. Je l'ai agité de toutes mes forces. Enfin, les surveillants ont vu le drapeau, ils ont arrêtéde discuter, ont regardé autour d'eux et repéré la noyade en cours. Ils sont descendus de leur chaise en vitesse et ont couru vers l'eau.

Je me suis réveillé avant de savoir si les baigneurs avaient pu être sauvés.

Je flotte dans du coton en prenant mon petit déjeuner. Le pincement au cœur a disparu pendant la nuit mais mon rêve m'a

---

4 **gonflable** aufblasbar – 7 **s'affoler** commencer à avoir peur, paniquer – 7 **s'agripper** se tenir, s'accrocher – 8 **être sur le point de faire qc** kurz davor sein etw zu tun – 8 **se noyer** ertrinken – 10 **s'enfoncer** einsinken – 10 **une cuisse** Oberschenkel – 11 **un pas** Schritt – 12 **bavarder** discuter – 12 **comme si de rien n'était** comme si tout était normal – 13 **avertir** warnen – 14 **un mât** Mast – 15 **un drapeau** Fahne, Flagge – 19 **repérer** voir – 19 **en cours** qui est en train de se passer – 23 **flotter** schweben – 23 **le coton** *ici :* Watte

laissé une drôle d'impression. Je verse le lait dans mon bol. Les céréales chocolatées, au moins, ne se noieront pas.

Soudain, ma cuillère stoppe net sa trajectoire entre mon bol et ma bouche.

– Qu'est-ce qui te prend ? s'exclame maman quand les premières gouttes de lait atteignent la table. Fais attention, tu vas en mettre partout.

Il me prend que je viens de réaliser que j'avais un moyen de faire quelque chose pour sortir les olives de leur hôtel-prison. Je ne suis pas Super Watchor mais j'ai un drapeau.

Je ne peux pas le dire à maman. Pas déjà. De toute façon, elle ne veut plus qu'on parle des olives pour l'instant. Ni de son anniversaire, que pour la première fois nous n'avons pas vraiment fêté.

Je dois d'abord agir.

En commençant par essuyer la table pour ne pas me faire remarquer davantage.

Puis en allant agiter le drapeau auquel je viens de penser.

---

3 **une trajectoire** Kurs, Bahn

38

En fouillant vraiment dans ma mémoire, j'ai retrouvé quatre des mots prononcés par l'homme au téléphone l'autre jour : « certificat », « disponible », « travail » et « association ». Quatre mots, c'est peu mais mieux que rien.

Je ne peux pas me permettre de mûrir plusieurs jours mon plan d'action. C'est ce soir que je dois agir. Car on est vendredi, et le vendredi maman emmène Capucine au judo après l'école, en me laissant rentrer seul à l'appartement quand il ne pleut pas. Et aujourd'hui, il ne pleut pas. C'est le jour ou jamais. Mais il faudra faire vite : la classe se termine à 16 h 15, et le vendredi papa appelle à 16 h 35 sur le téléphone de la maison pour s'assurer que je suis bien rentré.

Mon plan est le suivant : dès la sortie d'école, je fonce à l'hôtel où travaillait la maman des olives. Je récupère le certificat et je vais à la mairie. Là, je demande où sont les personnes de l'association qui s'occupent des olives et peuvent transmettre le certificat pour qu'elles ne soient pas expulsées.

J'aurai intérêt à me presser pour pouvoir faire tout ça en vingt minutes. Mais c'est loin d'être impossible. Maman elle-même répète souvent que notre quartier est comme un village, et que tout se trouve à proximité de tout. C'est l'occasion parfaite d'en profiter.

---

5 **mûrir un plan** *ici :* réfléchir plus / plus longtemps à un plan (heranreifen lassen) – 14 **récupérer** *ici :* abholen

39

Je termine l'après-midi dans des starting-blocks. Dès que la sonnerie annonçant la fin de la classe retentit, je fonce en direction du parc. En quelques minutes, j'arrive à l'hôtel. Ce n'est pas le Grand Hôtel, mais l'entrée me semble tout de même nettement plus impressionnante que la dernière fois que je suis passé devant.

16 h 21. J'entre dans l'hôtel. Le hall ne ressemble pas du tout à celui du Grand Hôtel. Quelqu'un est assis derrière le comptoir, un homme, mais je ne vois pas son visage, il a la tête baissée. Et il ne m'a pas entendu. Je me racle la gorge.

– Oui ?

Ça y est, il m'a vu. Je m'avance jusqu'au comptoir.

– Je viens chercher le certificat de travail de… Nicky. Nicky qui faisait les chambres ici.

C'est idiot : je ne connais même pas le nom de famille des olives. Mais avec un peu de chance, c'est cet homme-là qui a appelé chez nous l'autre jour.

– Nicky ? répète l'homme. Je ne vois pas de qui tu parles. De qui s'agit-il ?

Flûte, ce n'est pas lui qui a téléphoné.

– Nicky, une femme brune qui faisait les chambres ici, et qui a dû arrêter son travail parce qu'elle n'avait pas de certificat… Elle habite chez moi, et quelqu'un a appelé pour dire que son certificat était disponible, alors je suis venu le chercher.

Voilà, j'ai énoncé tout ce que je savais. S'il me demande des précisions, je ne serai pas capable d'ajouter quoi que ce soit.

– Ça ne me dit rien, mais je vais quand même jeter un œil dans la pochette des contrats… Ne bouge pas.

---

5 **impressionnant, e** beeindruckend – 7 **un comptoir** Theke – **19 Flûte !** *fam* Mist! – 24 **énoncer** dire – 27 **une pochette** *ici :* Sammelmappe – 27 **un contrat** Vertrag

Je ne bouge pas. Il est 16 h 24 mais je ne bouge pas. J'ai tout mon temps.

L'homme se lève et farfouille dans un meuble haut à demi caché par un rideau.

– Ah voilà, ça doit être ça, dit-il enfin. Et tu as dit que tu la connaissais ?

J'ai soudain très chaud.

– Oui, c'est Nicky et ma mère qui m'envoient le récupérer, je mens.

Pour achever de le convaincre, j'ajoute :

– Vous voulez voir ma carte d'école ?

Le réceptionniste me regarde comme si je venais de lui parler chinois, puis il me tend une page imprimée sur laquelle on a collé un post-it rose. En lettres capitales, il y est écrit « à transmettre ». Mon cœur fait un bond dans ma poitrine.

– Merci monsieur. Je voulais aussi vous demander… Vous connaissez le chemin le plus rapide pour aller à la mairie ?

Je ne suis plus certain de savoir exactement où elle se trouve… et vu l'heure, je ne peux pas me permettre de me tromper. J'aurais dû y aller pendant les vacances avec maman quand elle me l'a proposé, ça m'aurait rafraîchi la mémoire.

L'homme sort de dessous son comptoir un plan grand comme un drapeau, il attrape un stylo et il trace un trajet :

– Là, c'est l'hôtel, et ici, c'est la mairie. En passant par cette rue, tu devrais y être en, disons… quatre minutes. Tiens, tu peux emporter le plan.

– Merci, merci beaucoup !

Je me retrouve sur le trottoir, le certificat dans une main et le plan géant dans l'autre. Je consulte ma montre. Il est 16 h 29. C'est loupé. Je n'aurai pas le temps d'aller à la mairie, je serai tout juste rentré quand papa appellera.

---

15 **une poitrine** Brust – 30 **loupé, e** ≠ réussi, e

Je me sens soudain envahi par le découragement. Tout en prenant la direction de l'appartement, je jette un œil au plan grand comme un drapeau.

Je respire un bon coup et je tente de me persuader que ce n'est pas si dramatique. Après tout, j'ai récupéré le certificat, c'est ça le plus important. J'irai à la mairie demain avec maman. Mon drapeau à moi, c'est le certificat. Le reste, c'est une affaire d'adultes.

---

4 **persuader** überzeugen

40

J'entends la sonnerie chanter au moment où je glisse la clé dans la serrure. J'ouvre la porte et je me précipite sur le téléphone.

– Mon grand c'est papa, tout va bien ? Bonne journée à l'école ?

– Oui oui, rien de spécial.

– Tu as mis plus longtemps que d'habitude à décrocher. ..

– C'est juste que j'étais, euh… aux toilettes.

– Ah parfait. Alors à ce soir mon grand !

– À ce soir, papa.

J'ai décidé que je ne devais pas parler de mon passage à l'hôtel au téléphone. Je préfère attendre que maman revienne du judo.

Cette attente m'empêche de faire mes devoirs : impossible de penser à autre chose. Lorsque maman arrive enfin, je lui saute dessus.

– Eh bien, quel enthousiasme ! s'exclame-t-elle. Il se passe quelque chose ?

– Oui. Je dois te parler. Mais il ne faut pas que Capucine entende.

Maman hausse un sourcil interrogateur et conduit ma sœur dans sa chambre. Puis elle me rejoint dans la mienne. Aussitôt la porte refermée, je lui tends le certificat et je lui raconte tout.

– … Et comme je me suis souvenu de ce qu'avait dit le monsieur au téléphone, et que je savais où était l'hôtel, j'ai décidé d'aller tout seul récupérer le certificat en sortant de l'école. Je voulais aussi aller à la mairie pour voir les gens de l'association et te faire la surprise, je voulais que tout soit réglé et que les olives puissent sortir de leur hôtel-prison mais je ne pouvais pas manquer l'appel de papa à 16 h 35 sinon vous vous seriez inquiétés.

– Les olives ? répète maman. C'est Magda, Sorina et Nicky que tu appelles comme ça ?

19 **tendre** *ici :* donner – 25 **manquer** *ici :* verpassen

Je ne me suis même pas rendu compte de ce que je disais. Je bafouille :

– Oui. À cause de leurs cheveux noirs… On pourra aller à la mairie ensemble demain matin, pas vrai ?

Maman me regarde attentivement, puis elle déclare :

– Bastien, c'est très bien d'être allé chercher ce certificat, même si ça nous aurait facilité la tâche que tu te souviennes du message quand tu m'as parlé du coup de fil. Mais on ne peut pas faire sortir si facilement Nicky et les filles. Pour qu'un étranger soit régularisé, il doit être en France depuis plusieurs années, et travailler depuis plusieurs mois. Nicky n'est même pas restée un mois complet à l'hôtel…

Cette fois je craque et j'éclate en sanglots.

– Alors j'ai fait tout ça pour rien… Je ne serai jamais une bonne personne…

– Tu n'as pas fait tout ça pour rien, mon poussin. On possède désormais une preuve que Nicky a travaillé, l'association va ajouter ce document au dossier…

– Pourtant je pensais être devenu une bonne personne quand j'ai défendu Magda et Sorina qu'on accusait de vol… dis-je dans mes larmes.

Et je raconte à maman l'épisode à la sortie de la boulangerie. Elle m'écoute avec calme.

– C'est très bien aussi d'avoir défendu les filles de ces accusations mensongères, commente-t-elle. Mais dis-moi, quand les policiers t'ont demandé notre nom et notre adresse… Les leur as-tu donnés ?

– Oui.

---

7 **faciliter la tâche** rendre les choses plus faciles – 9 **être régularisé, e** *pour un étranger :* se retrouver dans une situation légale – 13 **craquer** zusammenbrechen – 13 **éclater en sanglots** *mpl* in Tränen ausbrechen

Oh. Je suis soudain envahi par un doute affreux. D'une toute petite voix, je demande :

– C'est à cause de ça que vous avez été convoqués au commissariat ?

Ma voix a tremblé. Si la réponse me fait peur, c'est parce que je la connais déjà.

– Au commissariat ? répète maman. Qui t'en a parlé ?

– Je l'ai compris tout seul… et je t'ai entendue raconter à Carole comment ça s'était passé.

Mes larmes reviennent. Ça n'a pas l'air de faire particulièrement plaisir à maman d'apprendre que j'écoute aux portes, enfin aux serrures, mais elle ne relève pas.

J'insiste :

– C'est à cause de ça ?

– C'est possible, confirme maman.

Mes larmes redoublent d'intensité. Non seulement je n'ai rien fait pour aider les olives, mais en plus, en voulant défendre Magda et Sorina l'autre jour, j'ai envoyé mes parents à la police et provoqué l'arrestation de toute la famille olive… Je suis le contraire d'un héros.

Maman ferme les yeux quelques secondes en lâchant un gros soupir.

– On a tous le droit de faire des erreurs, reprend-elle en me faisant signe de venir dans ses bras. Ce qui compte, c'est d'essayer de les réparer quand on peut. C'est ça qui fait la différence entre les bonnes personnes et les autres.

Je ne suis décidément pas un héros mais alors, si j'en crois maman, je serais peut-être bien quand même une bonne personne. Ce serait déjà pas mal. Mais pourquoi est-ce que je ne réussis pas à en être tout à fait convaincu ?

---

1 **affreux, -euse** horrible – 10 **une larme** Träne – 12 **ne pas relever** *ici :* ne rien dire

41

– On n'a même pas eu le temps de faire des bulles avec mon flacon comme on avait dit !

Le samedi, au déjeuner, Capucine pleurait sans s'arrêter. « Le contrecoup », disait papa. Le matin, quand je suis revenu avec maman, ma sœur est une nouvelle fois allée voir dans la chambre d'amis, persuadée qu'elle allait trouver quelque chose que Magda ou Sorina auraient laissé à son intention et qui lui aurait échappé les fois précédentes.

– Un dessin avec des chevaux, ou alors avec des poneys, ou alors avec des chèvres, ou alors nous représentant tous ensemble à la plage… énonçait-elle entre deux sanglots.

Alors que c'était parfaitement impossible : les olives ne sont pas repassées par chez nous, et puis Adélaïde est venue faire le ménage ; le bol jaune a disparu.

– Peut-être qu'elles ont voulu faire semblant de s'en aller et qu'elles vont revenir ? a encore inventé Capucine en serrant Olé contre elle. Peut-être qu'elles se sont enfuies pour retourner au Grand Hôtel ? Peut-être qu'elles nous inviteront chez elles pour les prochaines vacances ?

Maman lui a demandé d'arrêter et l'a prise dans ses bras.

Car ce qui s'est passé est bien différent.

J'ai comme prévu accompagné maman à l'association (qui, en réalité, ne se trouve pas *dans* la mairie mais deux rues derrière).

Nous avons comme prévu donné le certificat de travail de la maman olive.

Les olives ont malgré tout été renvoyées comme prévu. Sans que nous les revoyions.

---

4 **un contrecoup** *ici :* Rückschlag – 7 **à son intention** *f* pour elle – 11 **un sanglot** Schluchzer – 15 **faire semblant de faire qc** faire comme si on faisait qc – 16 **serrer** drücken – 17 **s'enfuir** flüchten

La personne de l'association a dit que le certificat serait une pièce utile si jamais Nicky revient un jour en France.

L'ami avocat de papa a dit que le certificat était une preuve supplémentaire que papa et maman n'ont pas exploité Nicky, ce qui renforce leur innocence.

Alors, je ne suis pas allé chercher ce document pour rien.

On ne sait pas comment se sont déroulées les choses lors de l'expulsion. Puisque c'est comme ça que ça s'appelle. La personne de l'association a expliqué qu'elle ne pouvait pas nous « fournir de détails ». Et les olives n'ont rien laissé. Ni dessin ni message.

J'ai pensé à Sorina et aux bulles de savon sur la digue pour ne pas pleurer. Moi aussi, je peux être fort.

Mais quelque chose d'incroyable s'est produit. La personne de l'association a recontacté maman aujourd'hui. Quelqu'un lui a amené… le papa des olives et Cornelia, la plus grande des trois filles. Ils sont arrivés au moment où on renvoyait le reste de la famille au point de départ.

– Comment le papa et la grande sœur ont-ils fait pour trouver justement l'association qui avait le dossier de Magda, Sorina et leur maman ? je demande, perplexe.

– Ils ont rencontré quelqu'un qui a fait exactement comme nous quand nous les avons accueillies : cette personne s'est rendue à la mairie, où on lui a donné les coordonnées de l'association. Lorsqu'ils sont allés sur place, Luca, celui qui parle le romani et qui a traduit les paroles du maire du village, a tout de suite fait le rapprochement entre les trois personnes décrites par le papa et nos trois invitées à nous.

Ça alors. Je suis épaté.

---

22 **se rendre** aller – 25 **faire le rapprochement** einen Zusammenhang herstellen – 28 **épaté, e** surpris, e

– Comment le papa a-t-il pu se trouver pile au bon endroit ? Notre ville est une capitale, pas un village comme celui des… de nos invitées.

Dans ma tête, j'entends la voix de maman qui déclarait, après avoir appris qu'ils étaient partis pour la France : « Paris est une si grande ville et ils n'ont pas notre adresse. »

– Il était déjà venu à Paris, et précisément dans notre quartier, m'explique maman, à une période où il n'avait pas de travail. Il est resté quelques mois, et quand il a appris qu'il y avait une place pour lui à l'usine, près de sa maison, hop ! il est rentré en Roumanie.

Je pense soudain à cette carte, accrochée sur le pêle-mêle près du miroir de l'entrée. Elle porte une phrase de Jacques Prévert : « Paris est tout petit pour ceux qui s'aiment d'un aussi grand amour. » Alors Paris est à la fois une grande ville, et à la fois tout petit.

– Et les filles ? Elles étaient déjà venues aussi ?

– Oui, le papa les avait emmenées ; à l'association on m'a expliqué qu'on leur donne quatre fois plus d'argent chaque jour s'ils ont un enfant avec eux.

– Mais pourquoi notre quartier ? je demande encore.

– Ils arrivent en avion, et le bus d'Air France les dépose directement place de l'Étoile depuis l'aéroport. Ici, c'est un bon quartier. Pourquoi aller plus loin ?

La place de l'Étoile, c'est celle sur laquelle se dresse l'Arc de triomphe. C'est vrai que c'est un bon point de repère.

Quand on leur a annoncé que les olives étaient en train de faire le trajet dans l'autre sens, le papa et la grande sœur sont repartis. On dirait bien que le puzzle familial des olives va enfin se reformer.

---

1 **pile** exactement – 26 **un point de repère** un point pour s'orienter

Quant à moi, je n'arrête pas de penser que tout est arrivé par ma faute.

– Tu devrais arrêter de culpabiliser, finit par me dire maman. La famille ne souhaitait pas s'installer à Paris. On peut regretter leur départ précipité, et la façon dont ça s'est passé, mais on ne pouvait pas les forcer à construire leur avenir ici. En revanche, on a le droit de se féliciter de les avoir aidés pendant un moment, et d'avoir adouci leur séjour chez nous.

Aujourd'hui, Capucine ne pleure plus. Elle réfléchit autrement et pose une question qui me laisse songeur :

– Est-ce qu'on a bien fait de les aider ?

---

3 **culpabiliser** se sentir *coupable* (schuldig) – 5 **précipité, e** qui a eu lieu trop vite – 7 **se féliciter d'avoir fait qc** être content d'avoir fait qc – 8 **adoucir** rendre plus doux, plus agréable, plus facile – 10 **songeur, -euse** pensif, -ive

42

Le terrain de rugby est bien sec, ça fait plusieurs jours qu'il n'a pas plu, mais nous avons perdu : 3 à 17.

D'habitude, je déteste ça. Je me sens toujours responsable, même si l'entraîneur répète qu'on gagne et qu'on perd *ensemble*, que ce n'est jamais la faute d'une personne en particulier.

Cette fois, ça ne me fait rien. Rien du tout. Pas le début du mal au ventre que je ressens d'ordinaire quand c'est l'autre équipe qui l'emporte. Parce que ce n'est qu'un jeu. Du sport. Ce n'est pas vraiment sérieux, même si on joue sérieusement, en donnant son maximum. Avant, il me semblait que ma vie pouvait changer selon le résultat du match. S'améliorer, ou au contraire paraître plus terne. Alors qu'un match, ça ne change la vie de personne. Ce n'est pas parce qu'on a perdu aujourd'hui qu'on va venir nous chercher dans les vestiaires, comme Magda et Sorina l'autre jour à l'école, pour nous emmener dans un hôtel-prison dont on ne pourra plus sortir.

Je me demande ce que les olives ont fait de leurs coquillages. Je me demande si elles les ont rapportés chez elles en bon état.

Je me demande s'il leur arrive de penser à nous.

---

1 **sec, sèche** trocken – 7 **d'ordinaire** d'habitude – 8 **l'emporter** gagner – 11 **s'améliorer** devenir meilleur, e – 12 **terne** monotone

43

Ce vendredi, je rentre à nouveau tout seul à l'appartement. En passant devant la boulangerie, je ralentis. C'est pile sur ce bout de trottoir, juste là, que les olives étaient assises. Quand elles étaient chez moi je ne rêvais que de les voir disparaître, mais maintenant qu'elles sont parties, je pense à elles en permanence. Étrange.

Personne n'a pris leur place.

De l'autre côté de l'avenue, un homme est étendu sur un carton avec son chien, près de l'entrée d'un immeuble. D'ici, je ne distingue aucun bol en plastique, aucune coupelle. On dirait que l'homme dort. Depuis combien de temps est-il là ? Je ne voudrais pas d'un grand chien comme le sien chez moi, mais tout de même, je me demande : est-ce que quelqu'un lui proposera de venir s'abriter dans une chambre d'amis la prochaine fois qu'il pleuvra comme vache qui pisse ? Une famille avec deux petites filles, c'est plus émouvant qu'un homme seul avec son grand chien. Ou moins effrayant.

Qu'est-ce que ça fait, d'être installé comme ça sur le trottoir ?

Sans savoir ce qui me prend, j'enlève mon sac d'école de mon dos et je m'assieds. Là, sur le trottoir, à l'endroit exact qu'avaient choisi les olives.

Au ras du sol, tout est différent. Les voitures qui accélèrent paraissent plus menaçantes que quand je suis debout. Des passants, on voit d'abord les chaussures, il faut lever le nez pour découvrir leur visage. Et de près, le trottoir s'avère moins net qu'il n'y paraît.

---

2 **ralentir** aller moins vite – 5 **en permanence** tout le temps – 9 **une coupelle** Schälchen – 9 **on dirait que…** es sieht so aus, als ob … – 15 **émouvant, e** qui fait naître des émotions – 16 **effrayant, e** qui fait peur – 21 **accélérer** aller plus vite – 22 **menaçant, e** bedrohlich – 24 **s'avérer** sich herausstellen

Mais surtout, et alors que je n'ai théoriquement rien à craindre, je ne suis soudain plus rassuré. La principale différence, c'est ça : je me sens vulnérable. Fragile. À la merci de n'importe qui.

– Tu attends quelqu'un ?

Je sors brusquement de mes pensées. Une dame que je n'ai jamais vue s'est arrêtée devant moi, sa baguette à la main.

– Non, je réfléchissais, je dis simplement.

– Le trottoir n'est pas un endroit pour réfléchir ! Et ce n'est pas propre, par terre. Tu ferais mieux de rentrer chez toi.

Comme la dame ne semble pas vouloir s'en aller tant que je n'aurai pas bougé, je me lève. Est-ce que, si j'avais eu l'air un peu sale, comme barbouillé au noir de bouchon, elle m'aurait donné sa monnaie comme maman le faisait avec les olives avant qu'on les accueille ? Est-ce qu'on peut deviner que dans ma chambre j'ai une tirelire pleine, des puzzles et une collection de minéraux ?

En approchant de l'appartement, je repense à ce qu'avait dit papa, bien avant tout ça, quand Capucine a commencé à s'intéresser aux olives : on ne peut pas accueillir toute la misère du monde chez nous. « Pas toute la misère du monde, avait répliqué ma sœur, juste cette maman-là, avec ses enfants. » Cette maman et ses filles, on a découvert leur histoire. Je n'ai plus pensé qu'elles faisaient partie de « toute la misère du monde » à partir du moment où j'ai su qu'elles s'appelaient Magda, Sorina et Nicky. Est-ce que tous les gens qui sont sur le trottoir n'ont pas eux aussi une histoire ? Est-ce que l'homme au chien ne vient pas lui aussi de quelque part ?

Pourtant, c'est à moi que la dame qui sortait de la boulangerie a adressé la parole. Pendant les quelques minutes que j'ai passées assis sur le trottoir, je n'ai vu personne s'arrêter près de l'homme au chien.

---

1 **craindre qc** avoir peur de qc – 2 **ne pas être rassuré, e** avoir un peu peur – 3 **vulnérable** verletzlich – 3 **être à la merci de qc/qn** etw/jdm ausgeliefert sein – 15 **une tirelire** Sparbüchse

44

En classe, pour terminer l'année scolaire, nous préparons des exposés sur la Déclaration des droits de l'homme et du citoyen. Apollin m'a proposé qu'on se mette ensemble, mais la maîtresse nous a donné le choix et j'ai préféré travailler seul.

Parce que j'ai des choses à dire, et que je compte les dire exactement à ma façon.

Dans l'article 2, la Déclaration mentionne les « droits imprescriptibles et naturels de l'Homme » : la liberté, la propriété, la sûreté, et la résistance à l'oppression. Moi, j'ai décidé de parler des familles qui sont sur le trottoir, fragiles et vulnérables, et auxquelles on ne fait plus attention. J'ai décidé de raconter l'histoire de Magda, de Sorina, de leur maman et de leur papa. De raconter la vie rude en Roumanie, l'usine qui ferme, le bol jaune devant la boulangerie, la toilette à l'eau froide sous le robinet du square. De raconter les yeux qui brillent en voyant les poneys du parc Monceau, la première baignade dans l'eau salée, la danse avec les chèvres. Et de raconter aussi la convocation de maman et papa au commissariat pour avoir voulu les aider.

Même si je ne revois jamais les olives, j'ai appris des choses grâce à elles, et je ne regarde plus ceux qui tendent la main sur le trottoir de la même manière. Désormais, je les *vois*. Et je peux pousser les autres à les voir aussi. Ça s'appelle la sensibilisation. Un mot placé pas très loin de « solidarité » dans le dictionnaire.

Mon exposé est prêt, je le présente demain. C'est mon drapeau, et cette fois pour de bon. Apollin est passé aujourd'hui, il a

---

2 **la Déclaration des droits de l'homme et du citoyen** die Erklärung der Menschen- und Bürgerrechte (von 1793) – 8 **imprescriptible** unantastbar – 8 **la propriété** Eigentum – 9 **la sûreté** → sûr – 9 **la résistance** Widerstand – 9 **l'oppression** *f* Unterdrückung – 13 **rude** difficile – 17 **une chèvre** Ziege

commenté la façon dont sont votées les lois en se basant sur l'article 6. Moi, c'est une histoire vraie que je vais raconter.

Même si je n'ai pas précisé que c'était suite à une déclaration de ma part aux policiers que papa et maman ont été convoqués. Ce n'est pas un vrai mensonge. Seulement un raccourci dans le récit de l'enchaînement des choses.

Après tout, je ne suis pas un héros, juste un être humain.

---

1 **une loi** Gesetz – 5 **un raccourci** un chemin plus court – 5 **un récit** Erzählung – 6 **un enchaînement** Verkettung

Note de l'autrice

Début 2015, j'ai participé au projet du photographe Marc Melki autour de la fraternité et de l'hébergement des sans-abri. Depuis plusieurs années, Marc Melki prend en photo les familles qui dorment dehors au sein des villes, ces hommes, ces femmes et ces enfants qu'on ne veut plus voir mais pour qui on ne fait rien. Ces images ne suffisant pas à attirer l'attention sur le problème ni à y apporter des solutions, le photographe a proposé à des acteurs, écrivains, chanteurs, militants d'associations et autres personnalités de poser devant son objectif dans la même situation que les sans-abri, dans l'espoir d'interpeller autrement. Son projet s'intitule « Exils intra muros », et il pose cette question : et si c'était vous ?

Début 2015 donc, un matin de très bonne heure, j'ai retrouvé Marc Melki et j'ai « posé » pour lui dans une cabine téléphonique parisienne – il en restait encore, les dernières ont été retirées depuis. J'enrobe le verbe « poser » de guillemets car pour cette séance photo particulière, je me suis couchée sur un carton étalé sur le sol de la cabine, avant que Marc ne remonte la couverture sur moi. Puis j'ai fermé les yeux.

J'ai ensuite écrit un texte sur cette expérience. Le photographe demande cette contribution à tous ceux qui participent à son projet. Quelque temps plus tard, j'ai commencé un roman autour de la question de l'hébergement, du « délit de solidarité » et des risques qu'on prend pour les autres. De ce qu'on cherche à obtenir ou à gagner, aussi, en rendant service à d'autres. Car l'aide que l'on donne n'est pas toujours, ou pas seulement, de la générosité.

Ce roman, le voilà. Quant au texte écrit le jour J, il est reproduit ici.

---

4 **au sein de** dans – 8 **un écrivain** un auteur – 10 **un sans-abri** Obdachloser – 10 **l'espoir** *m* → espérer – 10 **interpeller (ou interpeler)** *ici :* questionner, interroger, faire réfléchir – 16 **un guillemet** Anführungszeichen – 27 **le jour J** der Tag X

Personne n'est à l'abri de ne plus en avoir

Ça ressemble à un jeu. Me faire toute petite. Loger mon mètre soixante-dix-sept dans une cabine téléphonique au début du pont, rue Lafayette. Faire semblant de dormir sur le pont pour ceux qui habitent dessous.

C'est **minuscule**, une cabine téléphonique. Et encore, celle-ci n'a pas de porte. Le verre arrête le vent mais pas le bruit. Comment dormir pour de bon au ras du sol, au-dessus des trains, entre les pas et les voitures ? Comment dormir quand n'importe qui peut crier, **secouer**, **frapper** ? Je ne m'étais jamais demandé.

Ça ressemble à un jeu parce que ensuite je vais me relever, aller boire un deuxième café chaud dans mon appartement à **double** vitrage, faire une **lessive** de mes vêtements. Tout cela je peux, même si je pose là. « Pas de logement = pas de vie », dit le mur juste derrière moi. J'en ai déjà **pris la mesure**. Personne n'est à l'abri de ne plus en avoir.

On a marché un moment. Les cabines sont de plus en plus **rares**. On **détruit** même les **solutions de dernier recours**. L'objectif du photographe me protège. Il signifie la **mise en scène**. **Rassure** le passant. Les couvertures sur lesquelles je m'allonge sont propres.

Mais la mise en scène me **fait** presque **honte**. À cause du café chaud, du double vitrage et de ma machine à laver.

Pour tant d'adultes et tant d'enfants, ça n'est pas un jeu. Ils sont des centaines de milliers à ne pas avoir de domicile personnel, des millions à ne pas avoir de logement décent. Le respect est absent des **expulsions**. En France. C'est ici que ça se passe. On ne veut plus

---

5 **minuscule** très petit – 9 **secouer** schütteln – 9 **frapper** schlagen – 11 **le double vitrage** Doppelfenster – 12 **une lessive** Wäsche – 14 **prendre la mesure de qc réaliser qc** comprendre qc – 17 **rare** selten – 17 **détruire** zerstören – 17 **les solutions de dernier recours** die letzten Auswege / Lösungen) – 18 **une mise en scène** Inszenierung – 18 **rassurer** beruhigen – 20 **faire °honte à qn** jdm ein schlechtes Gewissen machen (**la °honte** Schande) – 25 **une expulsion** Abschiebung

le voir. En 2015, l'Assemblée nationale a reconnu que les animaux sont des êtres « doués de sensibilité » mais tant d'hommes vivent moins bien que des chiens.

Invisibles aux yeux du monde. Exilés au cœur même de la société.

Il en restera une image. Derrière la vitre sale, le teint vire au cireux. Le teint de ceux qui n'existent plus. Le teint des morts, juste avant l'affaissement définitif des paupières.

Il est plus que jamais utile de faire porte-voix à la question que pose Marc Melki : et si c'était vous ?

6 **virer** tourner, se transformer – 7 **cireux, -euse** wächsern – 8 **un affaissement** Senkung – 8 **une paupière** Augenlid – 9 **un portevoix** Megaphon, *fig* Sprachrohr